GARY M. DOUGLAS & DR. DAIN HEER

# PARA PROBLEM DEĞİL, SİZSİNİZ

Para Problem Değil, Sizsiniz

Copyright ©2019 Gary M. Douglas ve Dr. Dain Heer

ACCESS CONCIOUSNESS PUBLISHING COMPANY

www.AccessConsciousnessPublishing.com

Amerika Birleşik Devletlerinde Basıldı
Uluslararası basım İngiltere ve Avustralya

Bütün hakları saklıdır. Bu yayının hiçbir parçası yayıncının yazılı ön izni olmaksızın hiçbir şekilde ya da amaçla elektronik, mekanik, fotokopi, kayıt sistemleri aracılığıyla veya farklı bir şekilde kopyalanamaz, yeniden yayınlanamaz, çoğaltılamaz, erişim sistemleri içerisinde saklanamaz ya da iletilemez.

Kitabın yazarı ve yayıncısı hiçbir fiziksel, zihinsel, duygusal, spiritüel veya mali sonucu garanti ya da iddia etmemektedirler. Yazar tarafından sunulan tüm ürünler, hizmetler ve bilgiler sadece genel eğitim ve eğlence amaçlı olarak sağlanmışlardır. Burada sunulan bilgiler hiçbir şekilde tıbbi veya diğer profesyonel tavsiyelerin yerine konulamazlar. Bu kitapta yer alan herhangi bir bilgiyi kendiniz için kullanmanız durumunda, yazar ve yayıncı sizin eylemleriniz için sorumlu tutulamazlar.

ISBN: 978-1-63493-214-1

Kapak Tasarımı: Katarina Wallentin
Kapak Görseli © Alexey Audeev istockphoto
İç Tasarım: Anastasia Creatives
İç Görsel © Khalus istockphoto

# İÇİNDEKİLER

Giriş ..................................................................... 5

Bölüm Bir: Para, Para, Para ................................... 7

Bölüm İki: Bazı Harika Araçlar ............................ 30

Bölüm Üç: İşinizin Nasıl Olmasını İstediğinizi Hayal Edin .... 48

Bölüm Dört: Zor İnsanlarla Başa Çıkmak ............ 59

Bölüm Beş: Hediyelendirmek ve Alıp Kabul Etmek ................ 75

Bölüm Altı: Bolluğunuzu Kutlayın ....................... 95

Paranın Yaşamınıza Akış Yollarını Değiştirebilirsiniz .......... 104

Okuyucular için Bir Not ...................................... 107

Terimler Sözlüğü ................................................. 108

# GİRİŞ

Bu kitap, ister çok fazla harcamak ve yeterince sahip olmamak olsun isterse çok fazlasına sahip olmak olsun, para konusunda sürekli zorluk yaşayan kişiler için yazılmıştır.

Ben Gary Douglas, insanlara sınırlamalarını ve engellerini kaldırmak ve kendileri için oldukça şaşırtıcı ve harika yeni olasılıklar yaratmak için kullanabilecekleri araçlar sunan bir enerji dönüşüm sistemi olan Access'in kurucusuyum. Bu kitapta, arkadaşım ve ortağım Dain Heer ve ben, paranın hayatınıza akış yollarını değiştirmek için kullanabileceğiniz para ile ilgili prosesler, araçlar ve bakış açılarını paylaşıyoruz.

Bu kitap bizim, Amerika Birleşik Devletleri, Kosta Rika, Avustralya ve Yeni Zelanda'daki şehirlerde öğrettiğimiz Access Para Seminerimize dayanmaktadır. Biz bir para semineri sunmaya başladık, çünkü insanların her zaman kendi para problemleri olduğunu düşündükleri şeye çözüm bulmaya çalıştıklarını keşfettik.

Ben kendim, yığınla sözde para problemi yaşadım ve parayla ilgili bir başka kurs alma fikrine şaşı bakacak kadar çok kursa katıldım.

Sonunda, aldığım para sınıflarının hiçbiri paraya yaklaşım şeklimi değiştiremedi.

Kursu tamamladıktan sonra hala aynı "para problemi"ne sahiptim. Parayla olan ilişkim Access geliştikçe değişmeye başladı ve para ile farklı bir ilişki yaratmak için kullanılabilecek taze bakış açıları keşfettim. Bu kitapta, Dain ve ben, para durumunuz ne olursa olsun üstesinden gelmek için kullanabileceğiniz araçlar ve tekniklerle birlikte onların arkasındaki bu bakış açıları ve felsefeleri sunuyoruz.

*Gary Douglas*

Santa Barbara

## Bölüm Bir
# PARA, PARA, PARA

## PARA SORUNUNUZ MU VAR?

Dain ve benim çok fazla para yapmak isteyen bir arkadaşımız vardı.

O "Benim para sorunum var." dedi.
Ben "Hayır, yok." dedim.
O "Evet, var." dedi.
Ben "Hayır, yok." dedim.
Sonunda sordu; "Ne demek istiyorsun?"
"Senin para sorunun yok, sen sadece alıp kabul etmeye gönüllü değilsin." dedim.
"Bu doğru değil." dedi.
"Evet, bu doğru. Sorununun para olmadığını sana ispat edeceğim. Sana bir milyon dolar vereceğim, vergisiz, eğer

Access'e başlamadan önce olduğun yere geri döner ve orada kalırsan." dedim. "Mümkün değil." dedi.

Bu parayla ilgili değil. Asla değildir. Bu, neyi alıp kabul etmeye gönüllü olduğunuzla ilgilidir. Eğer yaşamın özgürlüğünü alıp kabul etmeye gönüllüyseniz o zaman paranın sizin için hiç değeri yoktur. Çoğu insan paranın çözüm olduğunu düşünür ama değildir.

## Para Asla Çözüm Değildir

Para asla çözüm değildir, çünkü para asla problem değildir. Eğer parayı çözüm olarak kullanmayı denerseniz sadece sahip olduğunuz ya da sahip olmadığınız parayla çözmek üzere başka bir problem yaratırsınız.

## Para Sizin Probleminizi Çözecek mi?

Bir an bunu düşünün. Para mı probleminizi çözecek – yoksa siz mi? Siz. Bunu nasıl yaparsınız? Kendi gerçeğinizi talep ederek ve sahip çıkarak para problemi gibi görünen şeyi çözersiniz. Bununla ne demek istiyorum?

Uzun yıllar önce gayrimenkul işindeydim. Ben yılda 100.000 dolar kazanıyordum ve karım yılda 100.000 dolar kazanıyordu. İyi durumdaydık. Ateşliydik. Havalıydık. Zengin insanların içerisindeydik. Parti ve etkinlikler için şehirde zenginlerin olduğu bölgeye davet ediliyorduk. Sosyal olarak elitlerle düşüp kalkıyorduk. Muhteşemdi.

Sonra benim işim yere çakıldı. Gelirim yılda 100.000 dolardan 4.000 dolara düştü. Tabii ki bu, aylık 5.000 dolar olan ev kredisi ödemelerimize yardımcı olmadı, araba ödemelerimiz ayda 1.500

dolar kategorisindeydi ve çocuklarımız yılda çocuk başına 15.000 dolar olan özel okullardaydılar.

Her şeyimizi kaybetme sürecinden geçerken insanoğlu tarafından bilinen her türlü iflas formunu doldurduk. Şehrin zengin insanlarının bulunduğu taraftaki arkadaşlarımız artık daha fazla bizimle sosyalleşmek istemediler.

Ne kadar tuhaf, çünkü bilin bakalım dünyada üstesinden gelemeyeceğiniz tek önyargı hangisidir? Yoksulluk. Parasızlık. Eğer bolca paranız varsa hangi ırk, renk, mezhep veya dinden ya da ne kadar deli olduğunuz önemli değildir. İyi durumdasınızdır. Ben insanlara, gerçekte oldukları kadar tuhaf olmalarını söylerim. Zengin olun, böylece deli değil, eksantrik olarak görünürsünüz.

Hiç paramızın olmadığı bir noktaya geldik. Çocuklarımız özel okuldan ayrılmak zorunda kaldı. Arabalarımızı kaybettik, evimizi kaybettik, sahip olduğumuz her şeyi kaybettik. Diğer şirketler için çalıştım ve bundan nefret ettim. Benim için hiçbir şey işe yaramıyordu; sonunda tek seçeneğimin bu Access dediğimiz çılgın, kaçık, vahşi şeyi yapmak olduğunu fark edene kadar. Ve bir kez o yönde ilerlemeye başladığımda her şey değişmeye başladı. Bu ilginç değil mi?

Siz, olduğunuz sıradışı, harika varlık olarak olduğunuz her şey olmayı talep etmeye, sahiplenmeye ve olmaya gönüllü olmadığınızda — buna ne kadar direnip tepki gösterseniz ne kadar bundan kurtulmak istesiniz de — seçiminiz kalmayana kadar her yönden kendinizi iflas ettirirsiniz.

Seçimsizlik bakış açısından vazgeçmeye ve istediğiniz her şeyi yaratmanın yolunun, gerçekte olduğunuz kadar vahşi ve çılgın ve kaçık olmak olduğunu fark etmeye başlamaya gönüllü müsünüz? Güçsüz, sönük ve ilginç değilmişsiniz gibi davranmayı bırakın.

İnsanlar; *Eğer zengin olsaydım ve istediğim paraya sahip olsaydım, yaptığım şeyi yapmayı bırakır ve farklı bir hayat yaşardım,* diye düşünürler. Ama bu şekilde olmaz.

Araştırmalar göstermiştir ki insanlar piyango kazandıklarında bir ila iki yıl içerisinde tamı tamına piyangoyu kazanmadan önceki aynı finansal durumlarına dönmüşlerdir. Gerçi daha yüksek seviyede aynı derecede borca, aynı derecede sınırlamaya ve parayı kazanmadan önce sahip oldukları aynı finansal karmaşaya sahiptirler. Görünen o ki; para, asla çözüm değildir.

Ancak, eğer sizin için gerçek olanı yapıyorsanız o zaman piyangoyu kazanmak önemli olmayacaktır. Aslında, eğer yarın piyangoyu kazanırsanız bu size zaten yaratabileceğinizi bildiğiniz harika şeylerin daha fazlasını yaratmak için bir fırsat verecektir.

## *Problem Alıp Kabul Etmek ve Çözüm Sizsiniz*

Gerçek "para problemi" sizin kendinizi hayatınıza alıp kabul etmeye gönüllü olmamanızdır. Alıp kabul etmeye gönüllü olmadığınız en büyük şey, sizin gerçekten ne kadar inanılmaz bir şekilde muhteşem olduğunuzdur. Para problem değil. Para çözüm değil. Alıp kabul etmek problem ve çözüm sizsiniz. Gerçekte olduğunuz büyüklüğü alıp kabul etmeye gönüllü olmaya başladığınızda, hayatınızdaki her şey değişmeye başlar — paranız dahil. Eğer kendi büyüklüğünüzü alıp kabul etmeye gönüllü olursanız ve dünyanın sizin büyüklüğünüzü görmesine izin verirseniz o zaman dünya, gerçekten haketttiğiniz şeyi size hediye edecektir. Kendinizi farklı şekilde algılamaya ve alıp kabul etmeye gönüllü olmak, hayatınızda gerçekten arzu ettiğiniz şeyi yaratmanın başlangıcıdır. Başlamanız gereken yer orasıdır.

*Öyleyse Hayatımda Açığa Çıkmam İçin Ne Gerekecek?*

Bu noktada, müthiş ve harika olduğunuzun söylenmesinden usanmış olmalısınız. Tamam, iyi. Siz bunu biliyorsunuz ve yine de arzu ettiğiniz şeyi asla elde edemediniz. Hatta sinirlenmiş ve soruyor olabilirsiniz; *Öyleyse, hayatımda açığa çıkmam için ne gerekecek?*

Bu sormanız gereken bir soru, çünkü eğer soru sormaya ve onun yanıtını dinlemeye gönüllüyseniz evren size bir cevap verecektir.

Lütfen okumaya devam edin. Bu kitabın geri kalanında, hayatınızda açığa çıkmanıza yardım etmesi için kullanabileceğiniz araçlar, teknikler ve bilgiler bulunmaktadır. Sahip olmayı arzu ettiğiniz hayatı yaratmaya başlamak için onları kullanacağınızı umuyoruz.

## PARA İSTİYOR MUSUNUZ?

Dünya gezegenindeki şeylerin doğal hali, size söylenmiş olabilecek her şeyin aksine bolluk halidir. Eğer doğadayken etrafınıza bakarsanız insanlar bir şeyleri yok etmek için ellerinden geleni yapmadıklarında, hayatın gelişmediği ve bolluk içerisinde olmadığı bir yer olmadığını göreceksiniz. Bitki, hayvan, kuş ve böcek yaşamında bolluğun olmadığı bir yer yoktur. Sözde çorak olan arazilerde bile hayal edilemeyecek bir yaşam sürüyor. Eğer bir yolu kullanmayı bırakırsanız asfaltla kaplanmış bile olsa çok kısa bir sürede çatlaklar oluşacak, otlar yeşermeye başlayacak ve çok yakında yol tamamen kaplanarak yok olacaktır. Bu fevkalade bolluklu bir evren ve insanlar içine yalnızca betonu getirmeyi başardıklarında biz doğanın bolluğunu deneyimlemeyi bırakıyoruz. Sadece insanlar üstüne bastıkları yerlerde çoraklık veya yoksulluğu var ediyorlar.

Yoksulluk bilinci, bizi bolluğun süregelen doğal halini algılamaktan ve deneyimlemekten alıkoyan şeydir. Yoksulluk bilinci, şeylerin gerçekte nasıl olduğunun bir yansıması değildir; bu bizim yarattığımız bir zihinsel durumdur. Bu bizim kendimize; *Yeterince sahip değilim. Asla yeterince sahip değilim,* dediğimiz zaman işlev gösterdiğimiz yerdir. *Ne olursa olsun asla yeterince sahip olamayacağım.* Bu konuda milyonlarca varyasyon var; *Sadece hayatta kalabilecek kadarına sahibim. Bu miktarda paradan fazlasını yapmaya ihtiyacım yok.*

Bu, eksikliğin bolluktan daha gerçek olduğu bakış açısıdır. Bu, yokluk çekmenin zengin olmaktan daha asil olduğu fikridir. Bazı insanlar gerçekten fakir olmanın ahlaken daha üstün olduğunu düşünüyorlar. Onlar yoksulluğun gururuna sahipler. Dain, ailesindeki insanların eskiden nasıl; "En azından harika bir ailemiz var ve mutluyuz. Parası olan o insanlar mutlu değiller." dediklerini anlatır. O da etrafına bakıp kendi kendine; "Sizden daha mutsuz olamazlar. Hiç sanmıyorum!" derdi.

Yoksulluk bilinci olan insanlar, çoğunlukla yoksulluk çekmekten gurur duyarlar. Ya da onlar sadece kendi sosyoekonomik düzeylerinde olan insanlarla rahat olabileceklerine inanırlar. Sadece onlar kadar yoksul olan insanların etrafında rahat olurlar; *Zengin insanlarla rahat olamam, çünkü zengin insanlar farklı, bilirsiniz.* Peki, tamam. Kendinizi içine koyduğunuz kategoriye bir bakın!

Yoksulluk bilinci, sadece "fakir" insanların sahip oldukları bir zihinsel durum değildir. Aynı zamanda zengin insanlar da buna sahip olabilirler. Geçenlerde bir milyarderin partisine gittim ve herkes bahçıvanlarını ve yardımcılarını aşağılamak için elinden gelenin en iyisi yapmaya çalışıyor gibiydi. Zengin olmanın bu demek olduğunu düşünüyorlardı; yardımcılarını aşağılamak. *Oh, iyi bir yardımcı bulmak çok zor.* Hayır, değil! Eğer insanlara iyi davranırsanız iyi yardımcı bulmak kolay. Onlar, çok fazla paraları olduğu halde hiç kimsenin muhteşemliğini alıp kabul etmeye

## PARA PROBLEM DEĞİL, SİZSİNİZ

gönüllü değiller. Çalışanlarını kontrol etmek ve onlara olabildiğince az ödeme yapmak zorunda olduklarını düşünüyorlar. Yoksulluk bilinci, sahip olduğunuz paranın miktarıyla ilgili değildir; bu kendinize ve diğerlerine nasıl davrandığınız ve dünyada görmeye gönüllü olduğunuz bollukla ilgilidir.

*İstemek* kelimesi, yoksulluk bilincinin anahtar unsurudur. *İstemek* kelimesinin ne anlama geldiğini biliyor musunuz? *Eksiklik* demektir. Her *Ben istiyorum,* dediğinizde *Bende eksik,* diyorsunuz. Eğer *Daha fazla para istiyorum,* derseniz her zaman daha fazla eksilmeye başlayacak. Eğer ne düşündüğünüze ya da söylediğinize dikkat etmeye başlarsanız hayatınızda açığa çıkan bolluğu — ya da eksikliği — nasıl yarattığınızı tam olarak görmeye başlayacaksınız.

Sözlükte istemek kelimesine bakın. Eski bir sözlükten bakmanız gerekebilir; 1946 yılından önce yazılan sözlüklerde İngilizce kelimelerin doğru tanımlamaları bulunmaktadır. 1946'dan sonra tanımları konuşma dilini yansıtacak şekilde değiştirmeye başladılar. Eğer *istemek* kelimesine 1946 yılından önce yayınlanmış bir sözlükten bakarsanız *istemenin eksiklik* anlamına geldiği birkaç ve *arzu etmek* anlamına geldiği tek bir tanımlama olduğunu göreceksiniz. *Arzu etmek, gelecekte mevcut olacak bir şeyi aramaktır.* O nedenle, bu tanımlamayla bile başınız derttedir.

Gerçekten bolluk içinde olan kişileri dinleyin; istemek kelimesi onların kelime haznesinde yoktur. Bu kelimeyi bilmezler. İstemenin yaşamlarının bir parçası olduğu fikrine sahip değillerdir. Her şey ona sahip olmakla, onu almakla, onu elde etmek ve ona izin vermekle ilgilidir.

Şöyle diyen eski bir atasözü vardır; *Harcamak yoksa istemek de yok.* Harcama yapma, eksiklik olmasın. Eğer *istemek* kelimesinin *eksiklik* anlamına geldiğini anlarsanız ve kendinizi dinlerseniz bunu her zaman kullandığınızı göreceksiniz. Kendinize sorun; *İstemek kelimesinin kelime haznemden çıkması için ne gerekir? Para istiyorum*'dan yaratmak yerine, kendinize *Para istemiyorum*'dan yaratmak için izin verin, çünkü her *Daha fazla para istiyorum*, dediğinizde *Bende eksik*, diyorsunuz — ve hayatınızda açığan çıkan da tam olarak bu oluyor.

Bunu deneyin; on kez *Para istemiyorum* deyin.
    Para istemiyorum.
    Para istemiyorum.
    Para istemiyorum.
    Para istemiyorum.
    Para istemiyorum.
    Para istemiyorum.
    Para istemiyorum.
    Para istemiyorum.
    Para istemiyorum.
    Para istemiyorum.

Ne oldu? *Para istemiyorum* demek size daha mı hafif hissettirdi, yoksa daha mı ağır? Daha hafif, bir genişleme ve olasılık ve daha büyük bir alan algısını ifade eder (hatta gülümsemiş ya da yüksek sesle kahkaha atmış olabilirsiniz). Daha ağır, ağırlık yapan şeylerin bir kasılma hissini ve daha az olasılığı ifade eder.

Eğer çoğu insan gibiyseniz *Para istemiyorum*, demek size daha hafif hissettirmiştir. Neden? Çünkü gerçek her zaman size hafif hissettirir. Yalan size daha ağır hissettirir. Sizin gerçeğiniz, sizin para eksikliğiniz olmadığıdır ve bunu söylemek onu getirmeye gönüllü olduğunuzu gösterir. Bunu her sabah on kez söyleyerek hayatınızda alıp kabul etmeyi yaratabilirsiniz. Etrafınızdaki insanlar *Para istiyorum*, dediklerinde siz bunu bilerek gülümseyebilir ve *Para istemiyorum*, diyebilirsiniz!

## PARA KONUSUNDA ENDİŞELENİR MİSİNİZ?

Hiç yeterince paraya sahip olmamak konusunda endişelenir misiniz? Bu konuda en son ne zaman endişelenmiştiniz? Bu hissi algılayın. Algıladınız mı? Tamam, o hissi sonsuz yapın. Evren kadar büyük yapın. O hissi evrenden büyük yapın. Ebedi değil ama sonsuz. Devasa bir hava balonu gibi olan endişenizin ortasına bir iğne sapladığınızı ve sonra evrenden de büyük olması için onu patlattığınızı hayal edebilirsiniz; ancak bir şeyi evrenden büyük yapmak aslında düşünmeniz veya yapmanız gereken bir şey değildir. Bu sadece bir farkındalıktır ve genellikle siz onu yapmak için sorar sormaz olur.

Onu sonsuz yaptığınızda para endişenize ne olur? Daha dolu ve daha somut mu olur? Daha büyük bir realite algısına mı sahip olur? Yoksa sönüp gider ve kayıp mı olur? Eğer uzaklaşırsa ki biz bunu yapacağını sanıyoruz, o zaman o bir yalandır. Endişe, sizin gerçek olduğunu düşündüğünüz bir şey olabilir ama aslında değildir. Gerçek olmayan bir şey satın aldınız.

Şimdi önemsediğiniz birisini düşünün. O hissi sonsuz yapın, evrenden daha büyük. Daha fazla mı yoksa daha az mı somut oluyor? Daha somut mu? Bu ilginç değil mi? Birisini ne kadar çok önemsediğinizi düşündüğünüzde ve bunu sonsuz, evrenden büyük yaptığınızda bunun kendinize itiraf etmeye gönüllü olduğunuzdan daha büyük olduğunu görürsünüz. Eğer bir başkasını ne kadar çok önemsediğinizi kendinize itiraf etmeye gönüllü olsaydınız ve kendinizi de gerçekten bu kadar önemsemeye gönüllü olsaydınız sizce ne kadar alıp kabul etmeye gönüllü olurdunuz?

Sahip olduğunuz önemsemeyi alıp onu sonsuz yaptığınızda daha dolu ve daha mevcut olur. Üzüntünün yaptığından daha fazla alanı kaplar. Kabul ettiğinizden daha fazla önemsediğinizi fark edersiniz.

"Tabii, tabii, önemsiyorum," diyebilirsiniz ama onu doldurduğunuz ve somut yaptığınızda ne kadar çok önemsediğinizi görebilirsiniz. Neredeyse, bu kadar çok önemsemekten korkuyor gibiyizdir.

## Bolca Paraya Sahip Olduğunuzu Düşünün

Şimdi, bolca paraya sahip olduğunuzu düşünün. Bolca paraya sahip olma hissini algılayın. Onu sonsuz yapın, evrenden daha büyük. Daha fazla mı yoksa az mı somut oluyor? Daha fazla somut mu? Ve paraya sahip olmamayı düşündüğünüzde, *Oh hayır, meteliksizim, bunu yapamam,* dediğinizde eğer bu hisleri veya endişeleri sonsuz, evrenden büyük yaparsanız onlara ne olur? Uzaklaşırlar.

## Eğer Bir Yalana Dayalı Olarak Yaratırsanız Ondan Bir Gerçek Yaratabilir misiniz?

Bu ilginç değil mi? Bizler, *Hiç param yok* gibi yalanları satın almaya meyilliyiz ve sonra hayatlarımızı o yalanlara dayalı olarak yaratmaya çalışırız. Eğer bir yalana dayalı olarak yaratmaya teşebbüs ederseniz ondan bir gerçek yaratabilir misiniz? Mümkün değil. Eğer kendinize yalan söylerseniz veya sahte bir bakış açısını satın alırsanız size para ile mümkün olana genişleme izni vermeyecek olan sınırlamalar yaratırsınız.

Bazen Dain, ailesinin bir tarafı ile ilgili eğer masaya yemek koyacak kadar paraları olsa şanslı olduklarını düşündükleri hakkında hikayeler anlatır. Dedeleri ve nineleri ekonomik buhran döneminde büyümüşler ve yemekleri olmadığı zamanlar olmuş. Onların bakış açısı, eğer yemek alacak kadar paraları olursa başarılı olduklarıymış. Dain, bu bakış açısını gerçek olarak satın aldı ve Access'e başlayana kadar ona tutundu. Masaya yemek koyacak kadar paraya sahip olmanın başarı ölçüsü olduğu fikrini satın aldı. Access'e başladığında fark etti; "Bekle bir dakika! Bu gerçek değil!"

O Access'e başladıktan ve hayattaki bazı farklı olasılıkları gördükten kısa bir süre sonra Access kursu yapmak için birlikte arabayla San Francisco'ya gittik. Üç gün orada olacaktık ve Dain on tane fıstık ezmesi ve jöleli sandviç, bir buçuk kilo karışık kuruyemiş ve üç kutu tahıllı gofretlerden getirmişti. Yeterince parası olmadığı için oradayken yiyeceğinin bunlar olduğunu düşünmüştü.

Seyahatin bir yerinde ağzıma bir parça sakız attım, on dakika kadar çiğnedim, tükürdüm ve başka bir parça attım. Onu da on dakika kadar çiğnedim, tükürdüm ve başka bir parça attım. Onu yirmi dakika kadar çiğnedim ve başka bir parça attım. Dain hiçbir şey söylemiyordu, ancak ben her ağzıma başka bir parça sakız attığımda çıldırıyordu.

> Sonunda sordu; "Bunu niye yapıyorsun?"
> Ben de; "Neyi?" dedim.
> "Böyle arka arkaya sakızları çiğniyorsun." dedi, ben de "Çünkü ben sadece baştaki tadını seviyorum! Sonrasında sıkıcı!" dedim.

Dain, bir sakızın bir buçuk gün çiğnendiği bir aileden geliyordu. Paketi bir dolar olan sakızla böylesine abartılı bir şey yapma olasılığını hiç düşünmemişti. Kendisi için asla farklı bir bolluk standartı düşünmemişti. Bu, onun bütün yeterince sahip olmama paradigmasını yerle bir etti. Tepkisi; "Bekle bir dakika! Bunu yapabilir misin?" oldu.

Çoğumuz büyürken bunun gibi yalanları ve sınırlamaları satın alırız. *Başarı budur* veya *Benim sahip olabileceğim (ya da olamayacağım) budur*. Dain'in durumdaki yalan şuydu; *Bolluk, kendini besleyebilmektir*. Bu ailesinin bakış açısıydı ve onun satın aldığı bakış açısı buydu. Bu bolluğun olduğu şey mi? Hayır, tabii ki değil. Finansal hayatını bir yalanın etrafında yaratmaya çalıştığını gördüğünde yeni olasılıklar görünmeye başladı.

Kendinizi parlayla ilgili çıldırtmak yerine — ki bu arada bu hepimizin çok başarılı olduğu bir şey — para konusunda endişelenmek veya neredeyse yoksul durumda yaşamak yerine parayla ilgili endişelerinizin, kaygılarınızın ve inanaçlarınızın gerçek olmadığını fark etmeye başlayın. Ve onların gerçek olmadığını fark ettiğinizde onları satın almayacaksınız ve hayatınızı doğru ve gerçek olmayana dayalı olarak yaratmayacaksınız.

*Evrenden Daha Büyük Yapmak*

Sorunların gerçeğini anlamak için bu egzersizi kullanın. Bir şeyleri evrenden daha büyük yaptığınızda gerçek olan daha dolu ve somut hale gelir — daha gerçek hissettirir, daha fazla alan kaplar ve yalan olan yok olur. Uzaklaşır. Bu basit aracı kullanarak hayatınızda parayla olan biteni değiştirin ve sizin için gerçek olandan yaratın.

# BUNA PARAM YETMEZ

Hiç kendinize, *Buna param yetmez,* dediniz mi? Yıllar önce, onlar için mobilyaları yeniden düzenlediğim bir antika dükkanında çalışıyordum. Beni işe aldılar, çünkü ben ne zaman bir şeyleri yeniden düzenlesem iki yıldır stoklarında bulunan bir şey satılıveriyordu. İki haftada bir gidip yeniden düzenleme yapıyordum.

Saatte 37,50 dolar kazanıyordum, ki o zaman için bu oldukça iyi bir paraydı. Çocuklarıma ve karıma bakabilmek için diğer her şeyle birlikte bunu da yapıyordum. Dükkan sahipleri yaptığım şeyden çok memnundular; "Biliyor musun? Dükkandan almak istediğin her şeyi sana maliyetine vereceğiz ve bunları taksitle ödeyebilirsin. Ödemesini yaptığında da onları alabilirsin. Sadece bizim için çalışmaya devam et." dediler.

Burası ucuz bir antikacı değildi. Burası 20.000 dolarlık yatak odası takımları olan bir yerdi. 35.000 dolarlık pırlanta yüzükler vardı. Onlara baktım ve "Bunlara kimin parası yeter?" dedim. Onlar bana bunu söyledikten sonra dükkanda etrafıma baktım ve aniden içindeki her şeyi alabileceğimi fark ettim.

## *Alamayacağımızı Düşündüğümüz Şey Değerli Hale Gelir*

Bir kez istediğim her şeye paramın yeteceğini anladığımda — onu eve götürmem biraz zaman alabilirdi ama oradaki her şeyi alabilirdim — hiçbirinin benim için bir önemi olmadığını fark ettim. Artık önemsemedim. Bizim, paramızın yetmeyeceğini ya da sahip olamayacağımızı düşündüğümüz şey değerli hale gelir. Değerli hale gelir ama gerçekten değerli olduğu için değil, biz ona sahip olamadığımız için. Kıtlığı biz anlamlı kılarız. O nedenle her; *Buna param yetmez*, dediğinizde buna değmediğinizi söylüyorsunuz. *Buna param yetmez*, demek *Buna sahip olamam*, demektir. Kaç kez paranızın bir eşyayı almaya yetmeyeceğine karar verdiniz ve sahip olmayı dilediğiniz şeyden daha azına razı oldunuz? Sizin her şeye paranız yeter. Dünya üzerindeki neredeyse bütün mağazalar taksitli ödemeniz için size ürünleri ayırırlar.

Dain ve ben geçenlerde rehinci dükkanına gittik. "Şimdi Taksitle Ayırtın" diye ilanları vardı. Ana fikir, bu dükkana girmenizdi — orada 20.000 dolara kadar mallar vardı — ve her şeyi taksitle almak için ayırtabilirdiniz. Eğer taksitli ödeme yaparsanız oradaki her şeyi alabilirdiniz. Ama soru şu; onu gerçekten istiyor musunuz?

## Gerçekten Neye Sahip Olmak İsterdim?

Bunu kendi başınıza pratik yapın. Bir dükkana girin ve şunu diyerek etrafta gezinin; *Tamam, buradaki gerçekten arzu ettiğim her şeyi alabilirim. Gerçekten neye sahip olmak isterdim?* Bir şeylere bakıp şöyle diyeceksiniz; *Hayır. Hayır. Bu güzel. Bu güzel. Bu güzel.* Ve dışarı çıkıp diyeceksiniz ki; *Biliyor musun? Orada gerçekten sahip olmak istediğim hiçbir şey yok.*

## Hayatımda Buna Sahip Olacağım

Eğer sahip olmak isteyeceğiniz bir şey bulursanız *Hayatımda buna sahip olacağım,* deyin ve fiyat etiketine bakmadan dışarı çıkın. Neden fiyat etiketine bakmayacaksınız? Çünkü eğer bakarsanız onun neye mal olacağına ve paranızın yetmeyeceğine dair sınırlama yaratıyorsunuz. Eğer fiyat etiketine bakmazsanız ve sadece; *Hayatımda buna sahip olacağım,* derseniz o zaman ödemeye gönüllü olduğunuz bir fiyata, mümkün olduğunu hayal edemeyeceğiniz bir şekilde kucağınıza düşürmesi için evrene bir fırsat yaratabilirsiniz.

> Geçenlerde kızım bana; "Gucci bir cüzdan istiyorum baba. 250 dolar." dedi.
> Dedim ki; "Tamam, iyi. Neler olabilir, göreceğiz."

Üç hafta sonra belli bir sebebi olmadan bir garaj satışında durdum ve satılık bir Gucci cüzdan vardı. Fiyatı 3 dolardı. Sahte olduğunu zannederek eve götürdüm. Gerçek olduğu anlaşıldı.

## EĞER PARA SORUN OLMASAYDI NEYİ SEÇERDİNİZ?

Bir ürün için alışveriş yaparken kendinize, *eğer para sorun olmasıydı neyi seçerdim,* sorusunu sorarak *ihtiyaç* algısını ve *parasızlık* algısını ortadan kaldırabilirsiniz. Çoğumuz neye ihtiyacımız olduğunu ve sahip olamayacağımızı düşünerek seçim yaparız. Kendinize, *eğer para sorun olmasaydı neyi seçerdim,* diye sorduğunuzda bu, parayı seçiminizin temeli olmaktan çıkarır.

Dain bir yazıcı almaya gitti. Birkaç farklı modele bakıyordu ve ben sordum; "Eğer para sorun olmasaydı hangisini seçerdin?"

İlk düşüncesi; "Oh, en büyük olanı seçerdim!" oldu. O 500 dolardı ki bu onun fiyat aralığının dışındaydı ama eğer para sorun olmasaydı onu alacağını düşünmüştü. Ancak sonra etrafa bakınmaya başladı ve neredeyse 500 dolarlık yazıcının yaptığı her şeyi yapan başka bir yazıcı buldu. O 150 dolardı. "Oh, eğer para sorun olmasaydı 150 dolarlık yazıcıyı seçerdim." dedi. Bir kez, *buna ihtiyacım var ama sahip olamam,* düşüncesinden kurtulunca arzu ettiği her şeye çok daha iyi bir fiyata sahip olabileceğini gördü.

Dain gibi çoğumuz, eğer para sorun olmasaydı en iyi ve en pahalı ürünü alacağımızı varsayıyoruz. Parayı sorun olmaktan çıkardığınızda görebilirsiniz; *Oh, aslında büyük olanı istemiyorum.* Bazen ihtiyacınız olan aslında en iyisi değildir. 150 dolara ilk etapta istediğiniz her şeyi alırsınız.

Eğer sözde *en iyisine* sahip olsaydınız daha fazlasını yapacağınızı, daha fazlasına sahip olacağınızı ve daha fazla yaratacağınızı varsaymaktansa kişisel perspektifinizin ne olduğu hakkında bir fikir vermesi için bu soruyu kullanabilirsiniz. Bu, bir şeyin – sizin için – gerçek değerinin ne olduğunu görmenize izin verir. Sizi, *buna sahip olamam çünkü...* bakış açısından çıkarıverir. Eğer seçerken tek kriteriniz kişisel seçiminiz olsaydı neyi seçerdiniz? Bir şeyler alırkenki koşullar göz önünde bulundurulduğunda kendiniz için en iyisini alırdınız.

Aynı zamanda, *eğer para sorun olmasaydı neyi seçerdim*, diye soracağınız ve en pahalı olanı almaya karar vereceğiniz zamanlar vardır, çünkü parayı kriter yapmıyorsunuzdur. Sizin için neyin en iyi olduğuna dayalı olarak bir seçim yapıyorsunuzdur.

## VERGİ ÖDEMEYE GÖNÜLLÜ MÜSÜNÜZ?

Bazı insanlar vergi ödemeye direnirler. Onlar bir daha asla vergi ödememeye karar verirler ve bundan kaçınmak için ellerinden geleni yaparlar. Ancak bu çok kötü bir karardır, çünkü bunu yaptıklarında alıp kabul etmeye gönüllü oldukları parayı keserler.

Sahip olmak adına her şeyi alıp kabul etmeye gönüllü olmalısınız, vergilendirmeler dahil. Eğer vergi ödemeye gönüllü değilseniz o zaman gelire sahip olmaya gönüllü değilsinizdir. Şahsen ben daha fazla vergi ödemeyi istiyorum. Aşırı miktarda vergi ödeyebilmelisiniz, çünkü bu aşırı miktarda parayı alıp kabul edebileceğiniz anlamına gelir.

Vergilendirmesiz bir gruba katılan bir adamla çalıştık, ki bu Gelir Dairesi için vergi toplamayı yasadışı hale getiriyordu. Onların bakış açısı, Gelir Dairesinin Anayasada yer almayan ve vergi toplama sisteminin verildiği özel bir şirket olduğu, bu nedenle yasadışı bir grup olduğuydu.

> O bize bunu söyledikten sonra ben, "Harika. Gelirinle ilgili sana bir şey söylememe izin ver. Gruba katıldığından beri gelirin yarı yarıya düştü." dedim.
> Adam da "Vay, bunu nasıl bildin?" dedi.

Ben de "Çünkü hükümetten saklamaya çalışıyorsun. Saklamaya çalıştığında bunun anlamı kendine alıp kabul etme izni vermiyorsun demektir. Aynı anda hem saklı tutup hem de yaptığın para miktarını arttırmak imkansızdır." dedim.

Hayatınızın sakladığınız bir parçası var mı? Vergi ve vergilendirmeyle ilgili saklamaya çalıştığınız her şeyi ve bu tür her şeyi, bütün bu kararları yıkıp yaratımını iptal ederek seçtiğiniz ödeyebileceğiniz herhangi bir lanet vergi tutarını talep ederek sahip çıkar mısınız? En iyi savunma, her zaman saldırgan bir biçimde zengin olmaktır.

## BORCA karşı GEÇMİŞ HARCAMALAR

Bazen insanlar bana borcu ve borcun parayla ilgili bütün bu konuşmaların neresinde olduğunu soruyorlar. Hiç *borcun (debt)* kulağa *ölüm (death)* gibi geldiğini fark ettiniz mi? *Mortgage* kelimesinin *mort,* yani *ölü* demek olduğunu ve aslen *ölüm cezası (death pledge)* ya da *ölümüne* demek olduğunu biliyor muydunuz? Diğer bir deyişle; *Bu ev için ölene kadar çalışacağım,* ki çoğu insanın yaptığı şey de budur.

Ödenecek borçlarınız olduğunda, kendinizi borçlu olarak düşünmek yerine — ve hepimizin borçlu hapishanelerinin gerçekten var olduğu ve para yüzünden hapse girdiğimiz pek çok yaşamımız oldu — geçmiş harcamalar olarak ne ödediğinizi düşünün. Ödenecek geçmiş harcamalarınız var, borçlarınız değil.

Eğer *borç* yerine *geçmiş harcama* bakış açısından işlerseniz onları temizlemeye başlarsınız. Her *borç* dediğinizde, borçlu hapishanesine girdiğiniz bütün yaşamların anılarını tetiklersiniz. Haydi borçtan kurtulalım.

# KREDİ

Eğer krediniz varsa o zaman borcunuz olabilir. Bu harika değil mi? Daha büyük bir borcunuz olsun diye kredi değerinizin olması için çalıştınız mı? Bu böyle işler. Eğer kredi değeriniz yoksa borç değeriniz yoktur. Kredi değeri demek, daha fazla para borç alabilirsiniz demektir. Bu ne kadar harika?

Size kredi konusunda perspektifinizi değiştirmenizi öneririz. Kredi değeri yaratmaya çalışmayın. Nakit değerinizin bolluğuna bakın. Sorun; *Nakit akışını nasıl arttırırım? Hayatıma sürüsüne bereket nakit gelmesi için sonsuz olasılıklar nelerdir?*

> İnsanlar bana, "Oh, benim bu kadar borcum var." diyorlar.
> Ben, "Tamam, demek bu kadar borcun var. Bunu ödemek için her ay ne kadar daha fazla kazanman gerekir?" diyorum.
> Onlar, "Hiçbir fikrim yok. Benim aylık kredi kartı ödemem 500 dolar." diyorlar.
> Ben de "Harika. Bu demektir ki yirmi yılda o kan emicinin parasını ödemiş olacaksın."

Eğer kredi kartı borcunuzun minimum ödemesini yaparsanız 40 dolarlık yemeğin size sonunda 200 dolara mal olduğunun farkında mısınız? Vay be, bankaların neden sizin kredi kartı ile bir şeyler almanızı istediklerini merak ediyorum. Kredi kartı ile almak iyi, değil mi? Aşın bunu. Para yapmak iyidir. İyi olan budur.

Para kazanmanın havalı olması yerine kredi kartlarına sahip olmanın ne kadar havalı olduğuyla daha mı fazla ilgileniyorsunuz?

> Bazen insanların cüzdanlarını açtıklarını ve uzun bir sıra halinde kredi kartlarının döküldüğünü görüyorum ve soruyorum "Niye bunlara ihtiyacın var?"
> Diyorlar ki "Şey, benim çok kredim var. Alabildiğim şeylere bir bak."

Ben, "Bir bok alamazsın. Yeterince paran yok." diyorum.
Onlar, "Evet ama ben bir sürü şey alabilirim." diyorlar.
Ben de "Tabi ama senin hiç paran yok. Sen aptal ve deli misin?" diyorum.

Cüzdanını gözden geçirip borcunu etrafta kendisiyle taşımamak için bütün kredi kartlarını çıkarıp *başka yere* koyan birisini tanıyorum. Harika fikir. Sonrasında bütün kartlarının borçlarını ödediğinde yavaşça ve emin bir halde onları cüzdanına geri koyabileceğini söyledi — tabii bunu yapacak kadar aptalsa.

Eğer hayatınızda akan para ve nakit ile yaşamaya başlayabilirseniz genişlemeye başlayacaksınız. Biz, *Oh Tanrım, param bitti,* diye düşündüğümüzde bu sadece bir bakış açısıdır. *Param bitti. Kredi kartımı kullanmalıyım.* Tek başına bu bakış açısı sizi kitlemeye yeter, çünkü bu bir yalan.

Kredi kartlarından vazgeçin. Farklı bir yol bulun. Para yaratın. Kredi ve onu takip eden bir borç yaratmayın. Takip eden araçlar bunu yapmak için size yardımcı olacaklardır.

## KENDİ KİLİSENİZE ONDALIK

Ondalık, hayır kurumuna katkı olması veya kiliseyi desteklemek için verilen birisinin gelirinin onda biridir. Kilisenize bağışta bulunmaya inanıyor musunuz? Ya Kendi Kilisenize bağış yapmaya? Bunu yapmaya gönüllü olur muydunuz?

İşte yapacağınız şey; hayatınıza gelen her şeyin yüzde 10'unu alın ve bir kenara koyun. Bir tasarruf hesabına koyun. Bankaya koyun. Yatağınızın altına koyun. Nereye koyduğunuz fark etmez, sadece bir kenara koyun. Onu harcamayın.

Eğer o yüzde 10'u bir kenara koymaya devam ederseniz evrene para arzu ettiğinizi gösterirsiniz. Kendi kilisenize ondalık ayırdığınızda evren size yanıt verir; *Oh, parayı seviyorsun? Tamam, sana daha fazla para vereceğiz.* Şöyle düşünebilirsiniz; *Tanrım, ucu ucuna yetiştirebiliyorum. Yüzde 10'u nasıl kenara koyacağım?* Cevap şu; bunu yaparak. Evren, ondan istediğiniz her şeyi onurlandırır. Eğer siz, size gelenin yüzde 10'unu ayırarak kendinizi onurlandırırsanız evren der ki; *Oh, yüzde 10 ile onurlandırılmak mı istiyorsun? İşte kendini onurlandırman için daha fazlası.*

Kendinize ondalık ayırmadan faturalarınızı mı ödüyorsunuz? Önce faturalarınızı ödediğinizde, fatura tutarlarının nasıl arttığını fark ettiniz mi? Neden böyle? Siz faturalarınızı onurlandırıyorsunuz ve evren de; *Oh, faturaları seviyor musun? Tamam, sana daha fazla fatura vereceğiz,* diyor.

Bu, faturalarınızı ödemeyeceksiniz demek değil. Yapacağınız şey kendinizi onurlandırmak ve eğer bir şeyleri biraz uzatmanız ya da sonra yetişmeniz gerekirse de sorun değil. Önce kendinizi onurlandırırsanız ve Kendi Kilisenize yüzde 10 ayırırsanız altı ay ile bir yıl içerisinde bütün finansal durumunuz değişecektir. Milyarlarca yıl önce; *Bu miktarda param olduğunda zengin olacağım. Bu miktarda parayı tutturduğumda çok zenginim,* diyerek yaptığınız finansal hedefleri tutturacaksınız. Sizin aldığınızı bile hatırlamadığınız kararlar var, ancak onları başardığınızda kendi içinizde bir huzur duygusu deneyimlersiniz ve para için duyduğunuz çılgınca ihtiyaç ortadan kalkar.

## *Sadece Yüzde 10*

Antika dükkanı sahibi olan bir arkadaşım, her altı ayda bir Avrupa'ya gitmek ve antika almak için 100.000 dolar borç alıyordu. Banka, parayı alması için önden on puan tahsil ediyordu. Bu, parayı ödünç vermek için ondan 10.000 dolar alıyorlar demekti. Böylece 90.000

dolar aldı ama 100.000 dolar artı ondan tahsil ettikleri paranın yüzde 15 faizini geri ödemek zorundaydı. Öyleyse, eğer bunu bir yılda öderse ne kadar para ödüyordu? Faiz oranı neydi? Yüzde yirmi beş. Eğer altı ay içerisinde geri ödemezse 100.000 dolar borç almak ona 25.000 dolara mal oluyordu.

O kıçını yırtarak çalışıyordu. Bir gün ona, "Eğer kenara yüzde 10 koysaydın altı ay ila bir yıl içerisinde bütün finansal durumun değişirdi." dedim.

Bunu yapmaya başladı ve altı ay içerisinde dükkanını iki katı büyüttü ve Avrupa'ya antika almaya kendi 100.000 dolarıyla gidiyordu. İşi ikiye katladı ve karısının işi de yılda 250.000 dolardan 1,5 milyon dolara çıktı.

> İki yıl kadar sonra dükkanına gittim ve etrafa bakıp "Yüzde 10'unu kullandın, değil mi?" dedim.
> Bana, "Oh, sen psişiksin." dedi.
> Ben, "Evet, öyleyim ve aslında buradaki enerjiyi algılayabiliyorum. Bir şeyleri çaresizce satmak istiyorsun. Artık her şeyin çok değerli olduğu bir yer gibi hissettirmiyor. Her şey indirimdeymiş gibi. Dükkanının enerjisini değiştirmişsin ve buna dayanarak başarılı olmayı mı bekliyorsun?" dedim.

O zamandan beri gittikçe daha da çaresiz bir halde, çünkü yüzde 10'unu ayırmaya devam etmedi. Artık telefonlarıma çıkıyor mu? Hayır. Neden? Eğer yüzde 10 ayırırsa yeniden işe yarayacağını biliyor ama bunu yapmayacak. Onun seçimi.

## *Nakit Taşıyın*

Eğer paranızı cebinizde taşır ve onu harcamazsanız bu size kendinizi zengin hissettirir. Sonrasında hayatınızda açığa çıkacak olan şey daha fazla ve daha fazla paradır, çünkü evrene bolluk içinde olduğunuzu söylüyorsunuzdur. Zengin bir insan olarak her zaman yanınızda taşıyacağınız para miktarına karar verin. O miktar her neyse — 500 dolar, 1000 dolar, 1500 dolar — onu her zaman cüzdanınızda taşıyın. Altın bir kredi kartı taşıyın demek istemiyoruz. Bu işe yaramaz. Cebinizde nakit taşımalısınız, çünkü bu sizin kendi zenginliğinizi fark etmenizle alakalıdır.

Eğer altın para seviyorsanız nakdinizi altın paraya çevirebilirsiniz. Eğer isterseniz onu pırlantayla takas edebilirsiniz. Onu kolayca taşıyabileceğiniz bir para birimi olarak tutun. Sizin yerinizde olsaydım nakdimi tankerler dolusu petrole çevirmezdim. Onlar batabilirler.

Size yüzde 10'u kenara koyun derken bu parayı yatırımlara ya da projelere koymaktan bahsetmiyoruz. Sizin Scrooge McDuck gibi olmanızı istiyoruz. Onu hatırlıyor musunuz? O Donald Duck'ın milyarder amcasıydı. Parayı çok severdi! Yüzme havuzunu dolar banknotlarla doldururdu ve içine atlardı. Çok fazla paraya sahip olmak ister misiniz? O zaman ona gerçekten sahip olmaya gönüllü olun. Etrafta sallanan bir sürü paranız olsun.

Bu miktarda parayı yanınızda taşıyın. İsterseniz bu sizin yüzde 10'ununuzun bir parçası olabilir. Onu her zaman yanınızda tutun ve harcamayın. Cebinizde 500 dolar, 1000 dolar ya da 1500 dolarınız olduğunu bildiğinizde deyin ki; *Hey, ben harikayım!* Başınız dik yürüyün. Herhangi bir yere girip istediğiniz her şeyi alabileceğinizi bilin — ama buna ihtiyacınız yok.

## *İhtiyaca karşı Açgözlülük*

İhtiyaç duygunuz olduğunda, bu sizi her zaman açgözlülük duygusuna götürür, ki bu sahip olduğunuz şeye sanki o artık olmayacakmış gibi tutunmaya çalışacağınız anlamına gelir. Cebinizde o hoş, dolgun miktarda paranın duygusuna ve bir şeylerin büyüme olasılığına sahip olduğunuzda sizin için her türlü değişim meydana gelebilir, çünkü sınırlı miktara sahip olduğunuz bakış açısından işlev göstermiyorsunuzdur. *Cebimde param var. Evde çekmecemde binlerce dolarım var. Ben parayla oynuyorum. Yatağın üzerine saçıp çırılçıplak üzerinde yuvarlanıyorum, çünkü bu gerçekten iyi hissettiriyor,* bakış açısından işlev göstermeye başlarsınız.

Hiç gerçekten paranıza baktınız mı? O nasıl görünüyor? Yüz dolarlık banknotun üzerinde kimin resmi var? Biz biliyoruz, çünkü biz bir sürüsünü taşıyoruz. Onlar çok hoşlar. Bu doğru, çok hoşlar ve biz onları cebimizde taşıyoruz. Biz, bütün o dolarları seviyoruz. Çok şirinler. Eğer fikrinizi değiştirseydiniz ve paranın şirin olduğunu düşünseydiniz ve göründüğü halini sevseydiniz, belki siz de onu kolaylıkla alıp kabul edebilirdiniz.

# Bölüm İki
## BAZI HARİKA ARAÇLAR

## TER DÖKMEKTEN ESİNLENMEYE

Access'te biz bir şeylerin keskin kenarına bakmayız. Yaratıcı kıyısına bakarız, çünkü eğer sürekli hayatınızı yaratıyorsanız o zaman onu genişletiyorsunuzdur.

Bu bölümde size, sahip olmak istediğiniz hayatı yaratmak için ter dökmekten esinlenmeye geçme fırsatı verecek olan bazı sorular, teknikler ve araçlar sunuyoruz. Ancak durum şu; eğer hayatınızın değişmesini istiyorsanız onları kullanmak zorundasınız.

Bunlar hayal edebileceğiniz en basit ve dinamik araçlar, ancak onları paylaştığımız insanların yüzde 90'ı onları asla kullanmazlar. Siz de reddedebilirsiniz. Eğer para konusunda bilinçsizliğe bağımlıysanız hayatınızı değiştirmeniz için gerekeni yapmayacaksınızdır.

Bu kitabı okuyacak ve "O para kitabına bu kadar para harcadım ve hiçbir şey değişmedi. Beş para etmezdi." diyeceksiniz.

Şöyle ki eğer kullanmazsanız değersizdir. Ama eğer hayatınızda bazı değişimler yapmaya ve para konusunda farklı bir realite yaratmaya kararlıysanız — ve diğer her şeyi — sizleri bu araçları denemeye davet ediyoruz.

## SORUDA YAŞAYIN

Evren, sonsuz bir yer ve sonsuz cevapları var. Siz sınırlanmamış bir soru sorduğunuzda, evren size cevap verecektir. Ancak biz genelde, *A noktasından B noktasına nasıl varırım,* gibi sınırlı sorular sorarız. Ve biz bunu yaptığımızda zihnimiz anlamak için çalışmaya başlar; *bunu yap, bunu, bunu ve bunu.*

Bir şeyleri gerçekleştirme şeklinizi anlamaya çalıştığınızda, bir soru sormak yerine cevabı anlamaya çalışıyorsunuz. Anlamaya çalışmayın. Kendinizi sınırlarsınız. Zihniniz tehlikeli bir şeydir. Sadece halihazırda bildiğiniz şeyi tanımlayabilir. O sonsuz ve sınırsız olamaz. Ne zaman bir cevabınız varsa bu sizin için nelerin ortaya çıkabileceğinin genel toplamıdır. Ama soruda yaşadığınız zaman, sonsuz olasılıklar mevcuttur. Bu soruların bazılarını deneyin ve neler olduğunu görün.

_____ *'nın Ortaya Çıkması İçin Ne Gerekir?*

Soruda yaşadığınız zaman, bir davet yaratırsınız. Siz; _____ *'nın ortaya çıkması için ne gerekir,* diye bir soru sorduğunuzda onun olması için evren size fırsatlar verecektir.

Siz hayatınızda sıkışır ve düşünürsünüz; *bu ya da bu — veya bu. Bunu yapabilirim — bunu yapamam. Bu olabilirim — bu olamam. Bunu yapmamın tek yolu; eğer Joe bana 5.000 dolar borç verirse.* \_\_\_\_*'ya asla param yetmez.* \_\_\_\_ *için param yok.* Bunlar sınırlı bakış açılarıdır. Bu soruyla sınırsız bir bakış açısı benimseyin; *Bunun ortaya çıkması için ne gerekir?*

Geçenlerde tasarruf hesabımdan para çekmeye gittim, çünkü yeterli param yok gibi görünüyordu. "Kahretsin! Neden yeterli param yok? Bunu anlamıyorum! Daha fazla paranın ortaya çıkması için ne gerekir? Yeterli param olmaması çok saçma. Bunun için ne gerekir?" diyordum.

Ertesi gün, dolaptan neredeyse üç aydır kullanmadığım evrak çantamı aldım ve içinde bir sebeple oraya sakladığım 1.600 dolar nakit para vardı. Bundan iki gün sonra Dain ve ben Florida'ya uçtuk ve oraya vardığımızda arkadaşımız Jill, Dain'e bir zarf verdi ve "Bu kredi kartı makinesindeydi." dedi.

> Dain sordu, "Bu nedir?"
> O da "Gary ile yaptığınız sınıftan kalan hiç bozdurulmamış çekler." dedi.
> İçinde 2.000 dolar değerinde çekler vardı.

Aynı gün, aldığı 1.800 dolarlık hizmetin karşılığı kredi kartından çekilememiş olan bir bayandan telefon aldım ve bir gün sonra da çekmecede bıraktığım 500 dolarlık bir çeki buldum.

Bu tasarruf hesabımdan çektiğim 6.000 dolardı. "Hımm. Sanırım parasız değilmişim. Sadece bakmıyormuşum." dedim.

Komik olan şey, bu hala oluyor. Bugün beni bir bayan aradı ve "Birkaç ay önce aldığım o sınıfı biliyor musun? Hesabımdan ücretini tahsil etmediler. Sana bir çek gönderiyorum." dedi.

"Tamam, harika! Bundan daha iyi nasıl olur?" dedim.

## PARA PROBLEM DEĞİL, SİZSİNİZ

Evrenin size bir cevap vermesi için soru sormalısınız. Sormalısınız. *Daha fazla para istiyorum,* demek iyi değildir. Bu sadece, *daha fazla para eksiğim var,* demektir — ve bunun içinde hiç soru yok. Her zaman bir soru kullanın; _____ *'nın ortaya çıkması için ne gerekir?*

### *Bununla İlgili Doğru Olan Anlamadığım Şey Nedir?*

Diğer bir harika soru da; *Bununla ilgili doğru olan anlamadığım şey nedir?* Hayatınızda sadece ya/ya da seçimine sahip olduğunuzu düşündüğünüz alanlar var mı? Her şeyi yapmak için sonsuz kapasiteye sahip olmak yerine madalyonun bir yüzü ya da öteki yüzünü seçmeniz gerektiğini mi düşünüyorsunuz? Kendinizi evrende ufacık bir zerre olarak görüp; *Benim sorunum ne,* diye mi düşünüyorsunuz?

Bu size ne yapar? Bu sizi sonlu yapar. Gerçekte olduğunuz sınırsız varlık olamazsınız ve değişim için olasılıkları ortadan kaldırırsınız. *Benim sorunum ne,* diye sormak yerine *Bununla ilgili doğru olan anlamadığım şey nedir,* diye sorun.

Dain ile ilk beraber çalışmaya başladığımızda, eski eşim ve benimle birlikte yaşıyordu. Bir süre sonra kendi başına yaşamak için bir yer buldu ve taşınması için ona yardım ediyordum. Eşyaların son kısmını taşırken evin sahibi çıkageldi ve öfkeden delirdi. "Buraya taşınamazsın. Çık dışarı! Ben buna izin vermedim. Burayı alamazsın!" gibi bir şeyler söyledi.

Dain'in beti benzi attı ve sordu; "Benim sorunum ne ki bunu yapamıyorum?"
Ben de "Yanlış soru dostum. Bununla ilgili doğru olan anlamadığın şey nedir?" dedim.

Hoş, ortaya çıktı ki orada yaşayan evin sahibi hiç durmadan konuşuyordu ve tamamen kaçıktı. Orada yaşamak yerine şehrin gerçekten güzel bir bölgesinde çok daha hoş, iki yatak odalı, park manzaralı bir daire buldu ve ofis kiralaması gerekmedi ve evinden çalışabildi.

Her şey onun ayarladığından çok daha iyi oldu, çünkü her şey dağıldığında "Bununla ilgili doğru olan anlamadığım şey nedir?" diye sormaya gönüllüydü.

Siz, varlık olarak yanlış hiçbir şey yapmazsınız — sadece yapmazsınız. Ancak durumla ilgili anlamadığınız doğru bir şey olabilir. Bunun ne olduğunu nasıl keşfedersiniz? Sorun; *bununla ilgili doğru olan anlamadığım şey nedir?* Bu her neyse soru, bunun farkındalığı ve sınırsız algılaması ve ona bakma kapasitesi için sorar. Hayatınızdaki değişim olasılıklarının kilidini açmak için bu soruyu kullanın.

## *Bundan Daha İyi Nasıl Olur?*

İşte her gün sormanız için bir soru. Kötü bir durumda bunu kullanırsanız bir şeyleri nasıl değiştireceğiniz konusunda netlik kazanırsınız ve bunu iyi bir durumda kullanırsanız her türlü ilginç şey ortaya çıkabilir.

New York'ta bir bayan bir Access sınıfından çıktı ve asansörün önünde bir çeyreklik buldu. "Oh, bundan daha iyi nasıl olur?" diye sordu ve onu cebine attı. Merdivenlerden indi ve caddede on dolarlık bir banknot gördü, onu da cebine attı ve "Bundan daha iyi nasıl olur?" dedi. Metroya gidiyordu ama bunun yerine taksiye bindi ve binasının önüne gitti. Dışarı çıkarken yerde parıldayan bir şey gördü. Aşağı doğru eğildi ve pırlanta bir bilezik buldu. O noktada, "Bundan daha iyi olamaz" dedi, ki bu büyük bir hataydı. Bunu söylediğiniz zaman hepsi o kadardır. Aksi takdirde kim bilir, şimdiye kadar Empire State Binasına sahip olabilirdi.

Size bir çeyrekliği pırlantaya çevirme garantisi vermiyorum ama ne olacağını asla bilemezsiniz. Sadece sormaya devam edin; *Bundan daha iyi nasıl olur?*

## ALGILAMA, BİLME, OLMA VE ALIP KABUL ETME

Mesleğinizi veya işinizi veya ilişkinizi neyin daha iyi yapacağını ya da para durumunuzu nasıl geliştireceğinizi bilmek istiyor musunuz? Hayatınızın sizin için işe yaramayan herhangi bir alanında algılamadığınız, bilmediğiniz, olmadığınız veya alıp kabul etmediğiniz bir şey vardır.

Bunu nasıl söyleyebiliyoruz? Çünkü biz, sizin sonsuz bir varlık olduğunuzu biliyoruz. Sonsuz bir varlık olarak sonsuz algılama, bilme, olma ve alıp kabul etme kapasitesine sahipsiniz. Bu, hayatınızı olduğu sınırlama olarak yaratmak için algılamaya, bilmeye, olmaya ve alıp kabul etmeye gönüllü olmadığınız bir şeyler var demektir.

Bunu üç gün boyunca günde otuz kez söyleyin;

*Bununla toplam netlik ve kolaylığa izin verecek olan reddettiğim, cesaret edemediğim, asla ve mutlaka algılamam, bilmem, olmam ve alıp kabul etmem gereken neyi algılıyor, biliyor, oluyor ve alıp kabul ediyorum.* Ya da basitleştirilmiş versiyonunu kullanabilirsiniz; *Bana* _____ *izni verecek olan neyi algılamalı, bilmeli, olmalı ve alıp kabul etmeliyim?*

Boşluğa istediğiniz her şeyi koyabilirsiniz. Bu soru, açığa çıkmadığınız yerlerin kilidini açmaya başlar.

Eğer üç gün boyunca günde otuz kez bunu yaparsanız üçüncü günün sonunda bir yerlerde veya dördüncü gün, esinlenmiş şekilde bir şeylere bakmaya başlayacaksınız. Aniden soracaksınız; *Bunu neden daha önce düşünemedim?* Bunu daha önce düşünemediniz, çünkü reddettiniz veya cesaret edemediniz veya asla bir şeyi algılamamanız ya da alıp kabul etmemeniz gerektiğini düşündünüz veya oraya varmak için bir şey algılamanız ya da alıp kabul etmeniz gerektiğini düşündünüz.

Bu basit araç size sınırlamalarınızın kilidini açmak için yardımcı olacak. *Bununla toplam netlik ve kolaylığa izin verecek olan reddettiğim, cesaret edemediğim, asla ve mutlaka algılamam, bilmem, olmam ve alıp kabul etmem gereken neyi algılıyor, biliyor, oluyor ve alıp kabul ediyorum.* Günde otuz kez, hayatınızın hangi alanı sizin istediğiniz şekilde işe yaramıyorsa onu değiştirmeye başlayacak.

## HAYATINIZIN GERİ KALANINI YAŞAMAK İÇİN ON SANİYENİZ VAR

Hayatınızın geri kalanını yaşamak için on saniyeniz var. Dünya aslanlarla, kaplanlarla, ayılarla ve zehirli yılanlarla dolu. Onlar sizi yiyecekler. Sizin on saniyeniz var. Neyi seçeceksiniz?

Eğer hayatınızdaki her şeyi on saniyelik artışlarda yaparsanız yanlış bir karar veremeyeceğinizi bulacaksınız. Eğer on saniye kızgın olursanız ve onu aşarsanız yanlış karar vermeyeceksiniz. Eğer on saniye aşık olursanız o süre kadar herkesi ve her şeyi sevebilirsiniz, kim oldukları önemli değil. Birisinden on saniye nefret edebilirsiniz. Eşinizi on saniyeliğine boşayabilirsiniz. Ve bir sonraki on saniyede onu sevebilirsiniz.

Eğer on saniyelik artışlarda yaşarsanız mevcut anda olmayı yaratacaksınız. Çoğu insan, anda yaşamaktansa gelecek için bir plan ve sistem yaratmaya çalışıyor ki bu onların istediği şekilde açığa çıksın. Ancak bizim yaşayabileceğimiz tek bir yer vardır ve o tam burası, tam şimdidir. Diğer her şey sizi öldürür. Bir yaşamınız olamaz. Kendi hayatınızı kaçırırsınız.

İnsanlar soruyorlar; "On saniyelik artışlarda nasıl iş yapabilirsin?" On saniyede o kişiyle konuşmak isteyip istemediğinize karar verebilirsiniz. O kişinin müsait olup olmadığını bilebilirsiniz. Bilebilirsiniz. On saniyelik artışlar sizi düşünmeyi bırakıp bilmeye geçmeye zorlar.

On saniyede, bir şeyleri anlamanızı ve önceden planlama yapmanızı sağlayan koşullanmayı bozmaya başlayabilirsiniz. Nasıl seçeceğinizi ve nasıl mevcut olacağınızı öğrenebilirsiniz. On saniyede yargı yapamazsınız, çünkü o buradadır ve bitmiştir. Hayatta kendimizi yargılayarak ve yargıladığımız şeyi düzeltmeye çalışarak ızdırabımızı uzatırız. Ancak ya eğer sadece şunu deseydiniz; *Oh, peki, bunu on saniye yaptım, şimdi neyi seçmek isterdim?*

Kötü olduğunu düşündüğünüz bir şeyi yaptığınızda bunun için kendinizi ne kadar süre cezalandırırsınız? Ne kadar süre bununla ilgili takıntı yaparsınız? Günlerce? Haftalarca? Aylarca? Yıllarca? Eğer on saniyelik artışlarda yaşıyorsanız bunu yapamazsınız. Tabii ki hiçbir şeyi de hatırlayamazsınız. Ama bu iyi haber.

Eğer on saniyelik artışlarda hayatınızı seçme sanatını pratik ederseniz seçimi ve parayı alıp kabul etme fırsatını yaratmaya başlayacaksınız. Çoğumuz, zorunluluğa dayalı olarak yaratırız. Deriz ki; *Peki, bunu yapmalıyım ve şunu yapmalıyım ve onu yapmalıyım.* Ancak bunlar gerçekten yapmak istediğimiz şeyler mi? Genellikle değil ama biz onları seçmeye devam ederiz.

Neden? Çünkü mecbur olduğumuzu düşünürüz. Onları yapmak zorunda olduğumuzu düşünürüz ve eğer yapmazsak hiç kimse bize ödeme yapmayacaktır. Biz, herkesin bizden daha önemli olduğu fikrini satın alırız. Eğer seçmek için hayatınızın kalanında on saniyeniz olsaydı, neyi seçerdiniz?

Yoksulluğu mu seçerdiniz? Bu sadece bir seçim; ne aptallık ne de delilik. On saniyelik artışlarda yaşadığınızda tekrar seçersiniz. Yoksulluğun içinde sıkışıp kalmamız gerekmez.

On saniyeniz var, neyi seçersiniz? Servet? Tamam, o on saniye geçti. Hayatınızın kalanını yaşamak için on saniyeniz var, neyi seçerseniz? Kahkaha? Neşe? Bilinç?

## YAŞAMINIZI YIKIP YARATIMINI İPTAL EDİN

Yapmak isteyeceğiniz şeylerden biri de her güne yepyeni başlamaktır. Hayatınızı her gün yaratmak istersiniz. Bu, her sabah dün olduğunuz her şeyi yıkıp yaratımını iptal etmeniz gerekiyor demektir. Eğer bir işiniz varsa her sabah onu yıkıp yaratımını iptal edin. Eğer her gün finansal durumunuzu yıkıp yaratımını iptal ederseniz daha fazla para yaratmaya başlayacaksınız. Bugün yaratacaksınız. Bu, on saniyelik artışlarda yaşamanın bir parçasıdır. Anda yaşadığınızda, geçmiş kararlarınızın doğru olduğunu kanıtlamaya çalışmazsınız; sürekli olarak an be an hayatınızı yaratıyorsunuzdur.

Biz şöyle düşünmeye eğilimliyiz; *Tamam, orada bu güzel bok yığınını yarattım, o yüzden onun yaratımını iptal etmek istemiyorum. Sadece onu görmezden geleceğim ve buraya geçeceğim ve şimdi farklı bir şey yaratacağım.* Şöyle ki o bok yığını hala orada duruyor ve onu görmezden geldiğiniz her gün o daha ve daha güçlü bir şekilde kokuyor, ta ki dayanılmaz oluncaya ve siz onunla ilgilenmek zorunda kalıncaya kadar.

## İlişkinizi Yıkıp Yaratımını İptal Edin

Eğer bir ilişkiniz varsa ve her gün onu yıkıp yaratımını iptal ederseniz onu her gün yepyeni yaratacaksınız. Bu sizi bir şeylerin yaratıcı kıyısında tutar. Biz yirmi sekiz yıldır evli olan bir çiftle çalıştık ve yirmi sekizinci evlilik yıldönümlerinde yeni bir tören yapmak yerine ilişkilerini tamamen yıkıp yaratımını iptal etmeye karar verdiler. O günden beri bunu yapıyorlar ve seksin gittikçe daha da iyi olduğunu söylüyorlar — ve daha fazla yapıyorlar.

On yedi yaşındaki kızları; "Siz ikiniz azgın ergenler gibi davranmayı bırakır mısınız? İğrençsiniz. Her dakika onu yapmak istiyorsunuz." demiş. Bu yirmi sekiz yıl evli kaldıktan sonra oluyor. Ama böyle olur. Yarattığınız her şeyi yıkıp yaratımını iptal ettiğinizde açığa çıkan şey tamamen yeni bir şey yaratma fırsatıdır.

Ben çocuklarımla olan ilişkimi yıkıp yaratımını iptal etmeye karar verdiğimde ilginç ve beklenmeyen bir şey oldu. Küçük oğlum her zaman geç kalırdı. Her şey için kesinlikle yarım saatle bir saat arası geç kalacağını garanti edebilirdiniz. Onunla olan ilişkimi yıkıp yaratımını iptal ettikten üç gün sonra aradı ve "Hey baba, birlikte kahvaltı edebilir miyiz?" dedi.

> Ben, "Tabii oğlum, bunu ne zaman yapmak istersin?" dedim.
> O da "Yirmi dakika kadar sonra." dedi.
> Ben de "Tamam, iyi." dedim.
> Dain'le birlikteydim ve "En az kırk dakika vaktimiz var." dedim. O yüzden kırkbeş dakika kadar etrafta oyalandık.

Kahvaltı edeceğimiz yere vardığımızda oğlum köşede ayakta durmuş, o geç kaldığında benim yaptığım gibi hafifçe ayağını yere vuruyordu. "Nerede kaldın? Yirmi dakikadır burada seni bekliyorum!" dedi.

"Oh Tanrım! Pod İnsanları[1] geldi ve gecenin bir yarısı onu kaçırdılar. Bu benim oğlum değil. O asla vaktinde gelmez." diye düşündüm.

O zamandan beri vaktinde geliyor. Bu acayip tuhaf. Ben onunla olan ilişkimi yıkıp yaratımını iptal ettikten sonra o geç kalmayı bitirdi.

Yıkıp yaratımını iptal etmek demek fiziksel olarak bir şeyleri yıkmak demek değildir. Gerçekten ilişkinizi bitirmek zorunda olduğunuz anlamına gelmez. Yıkıp yaratımını iptal ettikleriniz karar verdiğiniz her şeydir, böylece neyin mümkün olduğuyla ilgili daha büyük bir netliğe sahip olursunuz. Kararlarınızı ve yargılarınızı, zorunluluklarınızı, üzüntülerinizi ve entrikalarınızı, projeksiyonlarınızı ve beklentilerinizi ve gelecekte olacağına karar verdiğiniz her şeyi yıkıp yaratımını iptal edersiniz.

### *Bunu Nasıl Yaparsınız?*

Bunu nasıl yaparsınız? *Dün olduğum her şeyi şimdi yıkıp yaratımını iptal ediyorum,* dersiniz. Her şeyi yıkıp yaratımını iptal edebilirsiniz. *Dün ilişkimin (veya işimin ya da finansal durumumun) olduğu her şeyi şimdi yıkıp yaratımını iptal ediyorum,* diyebilirsiniz.

### *Başka Neler Mümkün?*

Siz çocukken nasıl olduğunu hatırlıyor musunuz? Her güne yapmak zorunda olduğunuz şeyleri düşünerek mi başlardınız? Yoksa eğlenip oynamak mı isterdiniz? Eğer hayatınızı her gün yıkıp

---

1     Pod İnsanları (The Pod People) 1983 yılı Fransız-İspanyol yapımı Juan Piquer Simon'a ait bilim kurgu filmi.

yaratımını iptal ederseniz her sabah yataktan soruyla çıkabilirsiniz; *Tamam, bugün hangi olasılıkları yaratabilirim?* Ya da; *Hey, başka neler mümkün?* Eğer bunu yaparsanız tamamen farklı bir realite yaratırsınız. Gençlik coşkusuyla yaratacaksınız, çünkü artık siz dün olduğunuz kişi değilsiniz.

*Ben Bugün Kimim ve Hangi Büyük ve İhtişamlı Maceraları Yaşayacağım?*

Hayatınızı yıkıp yaratımını iptal ettikten sonra kullanabileceğiniz diğer bir soru; *Ben bugün kimim ve hangi büyük ve ihtişamlı maceraları yaşayacağım?* Eğer dünü yıkıp yaratımını iptal ettiyseniz o zaman hayatınızı zorunluluk yerine macera olarak yaratmaya başlayabilirsiniz.

## GERÇEK VE YALANLAR

Gerçek size her zaman daha hafif hissettirir. Bir yalan size her zaman daha ağır hissettirir.

Eğer bir şey size ağır hissettirirse o sizin için yalandır, başkaları için öyle olsa da olmasa da. Sizden daha fazlasını bildiklerini söyleyerek gücünüzü hiç kimseye vermeyin. Kaynak sizsiniz.

Nerede bir şey dikkatinizi çekerse orada içine yalan eklenmiş bir gerçek vardır. Sorun; *Bunun hangi kısmı gerçek ve hangi kısmı yalan, konuşulmuş ya da konuşulmamış olan?*

## Hangi Kısmı Gerçek?

Dikkatimizi çeken yalanların çoğunluğu konuşulmamış yalanlardır. Siz onu düşünmeye devam edersiniz. Eğer düşünce geri gelmeye devam ederse sorun; *Hangi kısmı gerçek?* Ve cevap size daha hafif hissettirecektir.

## Buna Eklenmiş olan Konuşulmuş ya da Konuşulmamış Yalan Nedir?

Sonra sorun; *Buna eklenmiş olan konuşulmuş ya da konuşulmamış yalan nedir?* Yalanı tespit ettiğinizde her şey serbest kalır. Bu gerçek olur ve siz ondan özgürleşirsiniz.

Mucizevi bir şifacı olan bir arkadaşım vardı. Size sadece masaj yaparak mucizeler yaratabilirdi. Bedeninizi şifalandırabilirdi. Access Foundation ve Access I Sınıfını aldı ve sonra II ve III Sınıflarını almaya parasının yetmeyeceğini söyledi. Ben de; "Sana sınıfı vereceğim, çünkü çok iyi bir arkadaşsın ve gerçekten onları almanı istiyorum." dedim.

O da "Harika" dedi ama sınıflara gelmedi.
Birkaç kez onu aradım ama beni geri aramadı.

İki hafta kadar sonra bu konuyla ilgili tuhaf hissediyordum ve karısının ofisine gittim ve o da oradaydı.

Dedim ki; "Hey, yürüyüşe çıkabilir miyiz?"
"Tamam" dedi.
"Neler oluyor, sınıfa gelmedin?" dedim.
"Şey, bunu düşünüyordum ve benim yapmam gereken şeyin vitamin satmak olduğunu fark ettim." dedi.

Vitamin satmak mı? Yapması gereken bu mu? *Bu bana hafif hissettirmedi,* diye düşündüm. *Buradaki gerçek nedir?* Onu zorlamadım ama merak ettim; *Sana 1.400 dolar değerindeki bir sınıf ücretsiz sunuldu ve sen bunu geri çevirdin. Neler oluyor?* Oradan ayrıldım ve kafam karışmıştı. Bunu düşünmeye devam ettim.

## Gerçek Şu ki...

Birkaç gün sonra dedim ki; *Bir dakika! Gerçek şu ki o sınıfı almadı.*

## Konuşulmuş Yalan

Sonra konuşulmuş olan yalanı tespit ettim, ki bu onun vitamin satmak istediğiydi.

## Konuşulmamış yalan

Sonra konuşulmamış olan yalanı buldum, ki bu sınıfı almamanın onun seçimi olduğuydu. Gerçekte, bunu almasını istemeyen karısıydı. Karısının ailedeki güç olduğunu anladım ve karısı onun hiçbirini almasını istemedi, çünkü bu onu terkedebilir demekti. Adam daha gençti, yakışıklıydı ve adamın onu, o olduğu için sevdiğini anlayamadı. Adamın onunla kalma sebebinin paranın çoğunu kendisinin kazanması olduğunu düşündü ve adamı güçsüz tutmanın daha iyi olduğuna karar verdi.

Bir kez bunu tespit ettiğimde neler olduğunu biliyordum ve bir daha asla bunu düşünmedim.

Tekrar eden düşünceler için bunu kullanın. Kendinize sorun; *Hangi kısmı gerçek?* Cevap size daha hafif hissettirecek. Sonra sorun; *Buna eklenmiş, konuşulmuş ya da konuşulmamış olan yalan nedir?* Çoğunlukla sizi takılı tutan yalan, konuşulmamış yalandır. Yalanı tespit edin ve bundan özgürleşin.

## İLGİNÇ BAKIŞ AÇISI

Yargısız bir yerde olduğunuzda her şey olduğunuzu ve hiçbir şeyi yargılamadığınızı fark edersiniz, kendiniz dahil. Tek kelimeyle sizin evreninizde hiç yargı yoktur. Her şey için toplam izin verme vardır.

Siz izin verdiğinizde akıntıdaki bir kaya olursunuz. Düşünceler, fikirler, inançlar, tutumlar ve duygular size gelir ve etrafınızdan geçer ve siz hala akıntaki kaya olursunuz. Her şey ilginç bir bakış açısıdır.

Kabul etmek izin vermekten farklıdır. Eğer kabul etme halinde olursanız düşünceler, fikirler, inançlar ve tutumlar size gelirler ve siz akıntıdasınızdır, sürüklenip gidersiniz. Kabul etmede ya hemfikir olup kabul edersiniz ki bu pozitif kutuptur ya da direnip tepki gösterirsiniz ki bu negatif kutuptur. Her iki türlü de akıntının bir parçası olursunuz ve sürüklenip gidersiniz.

Eğer söylediğim şey için izin verme halinde olursanız; *Peki, bu ilginç bir bakış açısı. Merak ediyorum, bunun içinde hiç gerçeklik payı var mı?* diyebilirsiniz. Tepki vermek yerine soruya gidersiniz. Bakış açısıyla direnip tepki vermeye veya hemfikir olup kabul etmeye girdiğinizde sınırlama yaratırsınız. Sınırlamasız yaklaşım; *İlginç bakış açısıdır.*

Günlük yaşamda bu nasıl olur? Siz ve arkadaşınız yolda yürüyorsunuz ve size; "Beş parasızım." diyor. Ne yaparsınız?

"Oh, seni zavallı şey!" hemfikir olup kabul etmektir.
"Öylesin!" direnip tepki göstermektir. Borç için size çakacağını bilirsiniz.
İlginç bakış açısı, "Gerçekten mi?"dir.

Birisi sizi gıcık mı ediyor? Problem o kişi değil. Sizsiniz. Herhangi bir şekilde gıcık olduğunuzda bir probleminiz var. Kendinizi banyoya kilitleyin ve bunu aşana kadar ve izin verebilir olana kadar onlarla ilgili sahip olduğunuz her bir bakış açısı için şunu söyleyin veya düşünün; *Bu bakış açısına sahip olmam ilginç bir bakış açısı.* Ondan sonra özgürsünüz.

Bu, başkalarının size yanıt verme şekliyle ilgili değildir. Bu sizin, onların oldukları kadar zırdeli olmalarına izin vermenizle ilgilidir. Onların değişebilmeleri için diğer kişinin nerede olduğuyla ilgili izin verme halinde olmalısınız.

Onlarla hemfikir olup kabul etmek ve onları sevmek ya da onlara direnip tepki göstermek ve onlardan nefret etmek zorunda değilsiniz. Bunların hiçbiri gerçek değil. Siz basitçe onlara izin veriyor ve onurlandırıyor ve satın almadan onların bakış açılarına saygı duyuyorsunuz. Birisine izin vermek paspas olmanız anlamına gelmez. Sadece neyse o olmalısınız.

En zoru kendinizle izin verme halinde olmaktır. Biz kendimizi yargılamaya ve yargılamaya ve yargılamaya eğilimliyizdir. Biz iyi bir ebeveyn ya da iyi bir eş ya da iyi bir her neyse o olmayı denemeye ve her zaman kendimizi yargılamaya kilitlenmişizdir.

Ancak kendi bakış açımızın izninde olabiliriz. *Bu bakış açısı bende vardı. İlginç. Bunu yaptım. İlginç,* diyebiliriz. İzin verdiğinizde her şey ilginç bir bakış açısı olur. Onu kabul etmezsiniz; ona direnmezsiniz. Sadece öyledir. Hayat daha ve daha kolaylaşır.

## HAYATIN TÜMÜ BANA KOLAYLIK VE NEŞE VE İHTİŞAMLA GELİR

Bizim Access'teki mantramız; Hayatın tümü bana kolaylık ve neşe ve ihtişamla gelir. Bu bir olumlama değildir, çünkü bu sadece pozitife sahip olmakla ilgili değildir. Bu iyiyi, kötüyü ve çirkini içerir. Biz hepsini kolaylık ve neşe ve ihtişamla alırız. Bunların hiçbiri acılı, ızdıraplı ve kanlı olmak zorunda değil, çoğumuz hayatımızı bu şekilde yaşasak bile. Bunun yerine eğlenebilirsiniz. Ya eğer hayatın amacı salt eğlenmekse? Hayatın tümü bana kolaylık ve neşe ve ihtişamla gelir.

Sabahları on kez ve akşamları on kez söyleyin ve bu hayatınızı değiştirecek. Onu banyo aynanıza koyun. Eşinize onun orada olmasının sebebinin onu hatırlamanız gerektiği olduğunu söyleyin. Sırf o da ona bakmak zorunda olduğu için eşinizin de hayatını değiştirecek.

## *Bil Bakalım Ne Oldu? Biz Evleniyoruz!*

Bir bayan beni aradı ve "Erkek arkadaşımın benimle evlenmesini istiyorum. Bunun olmasını nasıl sağlarım?" diye sordu.

> Ben, "Tatlım, ben psişiğim, büyücü değil. Önerebileceğim tek şey, her sabah tıraş olduğu aynanın üzerine 'Hayatın tümü bana kolaylık ve neşe ve ihtişamla gelir'i koy ve kim bilir?.." dedim.
> Üç hafta sonra beni aradı ve "Bil bakalım ne oldu? Biz evleniyoruz!" dedi.

## *Büyükanne, O Nedir?*

Yeni Zelanda'da Access yapan bir büyükanne bize torunun "Hayatın tümü bana kolaylık ve neşe ve ihtişamla gelir"i buzdolabının üzerinde gördüğünü ve "Büyükanne, o nedir? Onu kullanabilir miyim?" dediğini söyledi.

O da "Şey, o Access'ten ve onu kullanabilirsin, sadece insanlara nereden geldiğini söyle." dedi.

## PARA PROBLEM DEĞİL, SİZSİNİZ

Bir buzdolabı şirketinin müdürü olan torunu, satışçılarına her sabah birlikte on kez bunu söyletti ve sekiz hafta sonra satışlar ayda 20.000 dolardan 60.000 dolara çıktı. Bu başka hiçbir şeyi değiştirmeden oldu.

Torun, en düşük performanslı satışçısına *Bundan daha iyi nasıl olur?*'u kullanmaktan bahsetti. Adam her bir yeni satış fişi hazırladığında bunu söylemeye başladı ve satışları ayda 7.000 dolardan 20.000 dolara çıktı.

Bu insanlar Access'i hiç duymadılar ve bu araçların nereden geldiği konusunda hiçbir fikirleri yok ama onları *kullandılar* — ve hayatlarındaki para akışları konusunda büyük değişimler deneyimlediler. Öyleyse siz de yapabilirsiniz.

# Bölüm Üç
# İŞİNİZİN NASIL OLMASINI İSTEDİĞİNİZİ HAYAL EDİN

## İŞİNİZİ SEVİYOR MUSUNUZ?

Çoğu insan, bir işi aldıklarında işveren onlara ne verirse kabul etmeleri gerektiğine karar verirler. Eğer işverenleri onlara kötü davranırsa buna katlanmaları gerektiğini düşünürler. Düzen böyledir. Eğer beğenmezlerse gidebilirler. Çoğu insan, beğenmeseler bile işlerinde kalmayı seçerler, çünkü eğer bir işe sahip olacak kadar şanslılarsa onu bırakmasalar iyi olacağını düşünürler. Başka bir iş bulamayabilirler. Hiç bu şekilde düşünmekten dolayı ızdırap çektiniz mi? *Eğer bu işi alırsam onu bırakmasam iyi olur, çünkü başka bir iş bulamayabilirim.* Sonsuz olasılıklar içinde yaşamak buraya kadarmış.

## İşinizin Nasıl Olmasını İstediğinizi Hayal Edin

Sevmediğiniz bir işe girmek ve sizi mutsuz eden şartlara katlanmak yerine işinizin nasıl olmasını istediğinizi hayal edin.

Hayal etmek dediğimizde onun nasıl görüneceğinden daha fazlasını kastediyoruz. Bu, onun meyvesini vermesini sağlayacak bileşenlerin titreşimidir. İşiniz nasıl hissettirirdi? İçinde neler yer alırdı? Nasıl ortaya çıkardı?

Onu sadece düşünmeyin. Onun hissini edinin. Onun gibi hissettiren bir şey ortaya çıktığında o yönde ilerleyin. Bir şey onun gibi hissettirmediğinde o yöne gitmeyin. Eğer biraz onun gibi hissettirirse ama onun tamamı değilse oraya gitmeyin. Hayatta kalabilmek için bir işi aldığınız anda elde edeceğiniz tek şey hayatta kalmaktır. *Faturaları ödemeliyim*'e yenik düşmeyin.

Ben Access yapmaya başlamadan önce "Tamam, ben ayda en az iki kez seyahat ettiğim bir işim olsun isterim. Yılda en az 100.000 dolar kazanmak isterim. Gerçekten çok ilginç insanlarla çalışmak ve asla sıkılmamak isterim. Sürekli değişen ve genişleyen ve daha eğlenceli olan bir iş isterim. Her şeyden çok, insanların yaşamlarında daha fazla bilinçli ve farkında olmalarını kolaylaştırmakla ilgili bir iş isterim." dedim.

Bunlar benim istediğim şeylerdi. Önümde bunun küçük bir baloncuğunu yaptım ve daha güçlü hale geldiğini hissedene kadar bunun içine evrenin her yerinden enerji çektim ve sonra beni arayan ama bunu bilmeyen bütün bu insanlara o enerjinin küçük damlalarını gönderdim. Hayatta böyle görünen veya buna benzer hissettiren bir şeyle her karşılaştığımda bunu yaptım, benim için bir şey ifade etsin ya da etmesin. Çok farklı şeyler yaptım ama yaptığım her şey beni bugün yaptığım şeyi yapmaya daha da yaklaştırdı. Sorduğum şeyi hissettiren her şey için bunu yapardım ve bu da beni bir sonraki şeye yönlendirirdi. Bunun sayesinde

Access'e ulaştım. İlk açığa çıkan şey son adım olmayabilir, ancak atlama taşlarınızı böyle seçersiniz.

Bir gün bir masaj için kanallık yapmam istenilen bir yere gittim.

Sordum; "Bu nedir? Gözlerimi kapatmam gerekecek mi? Elbiselerimi çıkarmam gerekecek mi? Bedenine dokunmam gerekecek mi? ve "Para alabilecek miyim?"
Adam da "Sadece masaj terapistim için kanallık yapmanı istiyorum." dedi.
Ben de "Oh tamam, iyi. Bunu yapabilirim." dedim.

Bunu yaptım ve Access haline gelen araçları kullanmaya başladım. O zamandan beri Access, ağızdan ağıza yayılarak kendisini büyüttü. Ona gelen insanların yüzde doksan dokuzu, onu bir arkadaşlarından duydular ve onu yakaladılar ve onunla devam ettiler. Neden bu şekilde büyüyor? Çünkü ben buna açığım, çünkü bu her neyse ben onu alıp kabul etmeye gönüllüyüm ve çünkü ben konfor alanımdan çıkar ve başka bir şey olurum.

## *Sürekli Artan Miktarda Para Yapan bir İş Nasıl Olurdu?*

Sürekli artan miktarda para yapan bir iş nasıl olurdu veya nasıl hissettirirdi ya da tadı nasıl olurdu? Ya eğer bu, hayatta kalmakla ilgili değilse ve bunun için para almayı bile umursamadıysanız? Ya eğer bu süreçte zorlu olan şey para değildiyse? Ya eğer zorlu olan şey hayatınızda gerçekten arzu ettiğiniz şeyi başarma yeteneğiydiyse? İnsanlarla bağlantı kurma şekliniz. Onlara arzularını ve hedeflerini elde etmelerinde yardımcı olma şekliniz.

Hayatınızda gerçekten neyi elde etmek isterdiniz? Gözünüzde canlandıracağınız şey budur. Onu yapmak nasıl olurdu? Kendinize soracağınız soru budur. *Bunu nasıl yaratırım,* diye sormayın. *Nasıl* onu anlama ihtiyacını yaratır ve onu anlama ihtiyacı sınırlamayı yaratır.

### Evrenden Yardım Etmesini İsteyin

Evrenden size yardım etmesini isteyin. Deyin ki; *Tamam, içinde bu olan ve bu ve bu ve bu olan bir iş isterim.* Evrenin her yerinden bu hayale daha da büyüdüğünü hissedene kadar enerji çekmeye başlayın, sonra küçük enerji damlacıklarını sizi arayan ve bunu bilmeyen bütün o insanlara gönderin. Hayatınızda her bu hayal gibi hissettiren bir şey ortaya çıktığında bunu yapın.

Her şey mümkündür. Siz sınırsız bir varlıksınız. Sizin sınırsız olasılıklarınız var. Hayatınızda neye sahip olmak isterseniz onu seçin.

## YETENEK VE BECERİLERİMİ PARA YARATMAK İÇİN NASIL KULLANIRIM?

Uzun yıllar önce bir döşemecilik işim vardı ve eşsiz bir yetenek olduğu anlaşılan bir şeye sahip olduğumu keşfettim. Bir müşterinin halısına veya perdelerine ya da her neyse ona bakar ve onlarla tam olarak hangi renklerin uyumlu olacağını bilirdim ve zihnimde onların net bir resmini görürdüm. Altı ay sonra müşterimin halısıyla tam olarak aynı renkte olan bir kumaşa rastladım. Onları aradım ve ihtiyaç duydukları kumaşı bulduğumu söyledim ve onlar da; "Harika. Onu bizim için alabilir misin? Koltuk için kaç metreye ihtiyacımız var?" dediler.

Onlara söyledim ve kumaşı aldım. Bunun için onlardan para aldım mı? Hayır almadım. Peki neden? Bu yeteneği özel bir şey olarak görmüyordum. Benim yapabildiğim şeyi herkesin yapabileceğini düşündüm ve o yüzden bu para etmezdi. Genellikle bizim yeteneklerimiz ve becerilerimizle olan şey budur. Bize çok kolay geldikleri için onları düşünmeyiz. Onların başkaları için olan değerini biz görmeyiz.

Hiç çaba göstermeden acayip kolaylıkla yaptığınız tek şey nedir? Herkesin yapabileceğini düşündüğünüz, sizin için bu kadar kolay olan şey nedir? Tabii gerçek şu ki başka hiç kimse onu yapamaz. Kendinize sormaya başlamalısınız; *Tamam, hiç değeri olmadığını düşündüğüm bu kadar kolay bir şekilde yapabildiğim şey, yetenek ve becerim nedir?* Bu şey – kolayca yaptığınız, hiç değeri olmadığını düşündüğünüz – muhtemelen sahip olduğunuz en değerli yetenektir. Eğer onu para yaratmak için kullanmaya başlarsanız inanılmaz derecede başarılı olursunuz.

Ben gayrimenkul işinde çalışırken büyük bir emlak şirketinde çalışan bir kadın tanıyordum. Yemek yapmaya bayılıyordu. Arkadaşları için harika yemekler pişirir ve bugüne kadar kimsenin tatmadığı kadar sıradışı tatlılar yapardı. Her ev satışı için herkese açık davet düzenlediğinde tatlılarından birini ikram ederdi ve şehirdeki bütün gayrimenkul uzmanları çıkagelirdi.

Bir gün birisi ona; "Sen harika bir aşçısın. Bir fırın açmalısın." dedi. Açtı – ve şimdi o multimilyoner. Birisi onun eşsiz yeteneğine dikkat çekene kadar o buna önem vermiyordu. O sadece pişirmeyi seviyordu. Ancak sonunda birisi "Yaptığın şey harika. Bir fırın yaratmalısın." dediği için bunu anladı. Yılda yaklaşık 100.000 dolar kazandığı gayrimenkul işini bıraktı ve şimdi milyonlar kazanıyor. O yapmayı sevdiği şeyi yapıyor.

## *Yapmayı Sevdiğiniz Şeyi Yapın*

Yapmayı sevdiğiniz şeyi yapmalısınız, tutkulu olduğunuz şeyi değil. *Tutku* kelimesinin nereden geldiğini biliyor musunuz? Yunanca *ızdırap* ve *şehitlik* kelimesinden gelir; bu İsa'nın ızdırap çekmesi ve çarmıha gerilmesini ifade etmek için kullanılmıştı. Tutkunun anlamı budur. Eğer çarmıha çakılmak istiyorsanız tutkunuzu takip edin. Kullandığınız kelimelerin orijinal tanımlarına bakın, çünkü çok fazla yanlış tanımlama ve yanlış uygulamalarımız var, ki bu da kelimelerin ne anlama geldiği ile ilgili yalanlar satın alıyoruz demektir. Bir şeyin gerçek anlamını bilmek önemlidir. İnsanlar size yıllarca; *Tutkunu takip et,* dediler. Bu işinize yaradı mı? Hayır. İşe yaramamış olmasının bir sebebi olmalı ve bunun nedeni kelimenin tanımıyla ilgilidir.

Eğer size falanca şeyin belli bir sonuç yaratacağı söylendi ve bu işe yaramadıysa eski bir sözlükten onun tanımına bakın. Kelimenin kökünün, kişinin size aksettirmeye çalıştığı şeyin tam tersi anlama geldiğini bulabilirsiniz. Eğer enerji ve kelime uyuşmuyorsa orada bir yanlış tanımlama veya yanlış uygulama vardır ve o kelime yanlış tanımlanmıştır.

Eğer para yapmak istiyorsanız yapmayı sevdiğiniz şeyi yapın. Eğer sevdiğiniz şeyi yaparsanız onunla para yapabilirsiniz; bu aşk için parayı alıp kabul etmeye gönüllü olmak demektir. Diğer bir deyişle fahişe olmaya gönüllü olmanız gerekir.

Ama haydi fahişe olmakla ilgili yargıdan kurtulalım. Fahişe olmakla ilgili yargılarınızı yıkıp yaratımlarını iptal edin, çünkü gerçekten, sevmediğimiz bir şey yaptığımızda para için yeteneğimizi kendimize layık olmayan bir işte kullanıyoruz.

## DAHA BÜYÜK OLMAK İÇİN SEÇİM YAPIN

Küçük bir işletmesi olan bir kadınla çalıştık ve o işini büyütmek istediğine karar vermişti. Artık onun küçük bir iş olmayacağına karar verdi. İşini tanıtmak için gidip şehirdeki en pahalı halkla ilişkiler firmasını tuttu ve neredeyse hemen daha büyük şirketlere erişmeye başladı. Radyoya çıktı. Onunla ilgili bir makale büyük bir yönetim dergisinde yayınlandı.

Ona neyin değiştiğini sordum; "Bir seçim yaptım." dedi.
Sordum; "Oh, peki o seçim neydi?"
Bana, "Olduğumdan daha büyük olmayı seçtim." dedi.

Yapmanız gereken bu. Olmaya gönüllü olduğunuzdan daha büyük olmayı seçmeniz gerekir.

Ben Access'i ilk tanıtıp geliştirirken daha da sıradışı olmam gerektiğine kadar verdim. Ayağa kalkmam ve olmaya gönüllü olduğumdan daha fazlası olmam gerekti. Dışarı çıkmaya ve ayağa kalkmaya ve münakaşacı olmaya gönüllü olmam gerekti. Bir şekilde insanların dünyalarını sarsacak bir açıklamada bulunmaya gönüllü olmam gerekti.

Bir kez o kararı verdikten sonra işim büyümeye başladı, çünkü ben daha fazlası olmaya gönüllüydüm. İşinizi büyüten daha fazlasını olma seçimidir. Bu mutlaka gidip bir halkla ilişkiler firması tutmanız gerektiği anlamına gelmez. Bunu yapmanın başka yolları vardır.

Önemli olan o kararı vermektir ve sonra bunu yapmanın yolları hayatınızda ortaya çıkmaya başlayacaktır. Olduğunuzdan daha büyük olmak için taahhütte bulunmaya gönülsüz olduğunuzda her zaman olduğunuz ve olacağınız aynı yerde sıkışıp kalırsınız.

Her açıdan daha fazlası olmaya gönüllü olmaktan bahsediyorum. Gerçekte olduğunuz her şey olmayı reddetmeyi bırakmalısınız. Kendinizi oldukça tanımladınız, değil mi? *Ben buyum – Ben şuyum – Ben oyum.* Daha fazla olmak demek, kendinizin bu eski tanımlamalarına meydan okumak, aşmak ve yıkmak zorundasınız demektir.

*Sadece Bugün İçin Dün Olduğumdan Daha Büyük Olacağım*

Her sabah uyandığınızda kendinizle ilgili sahip olduğunuz her bir tanımlamayı yıkıp yaratımını iptal edin ve sonra; *Sadece bugün için dün olduğumdan daha büyük olacağım,* deyin.

## EĞER BAŞARILI OLACAKSINIZ KİM OLMANIZ GEREKİR?

Başarılı olmak adına bir başkası olmanız gerektiğinizi mi düşünüyorsunuz? Bir aktör, bir başkası olmak zorundadır – ama siz? Kendi başarınızı garantilemek için yarattığınız bütün kimlikleri düşünün. Bu size yardımcı oldu mu? Yoksa istediğiniz başarıya sahip olmanızı daha da mı zorlaştırdı? Kim olduğunuz konusunda gerçekten kayıp mı oldunuz?

Eğer başarılı olacaksanız kim olmanız gerekir? Cevap, kendiniz olmanız gerektiğidir. Siz kendiniz olmalısınız. Başarılı olmak için kaybolmaktan çıkmanız ve kendiniz olarak açığa çıkma kapasitenizi talep ederek sahip çıkmalısınız. Ve gerçekten kim, ne, nerede, ne zaman, neden ve nasıl olduğunuzu algılamanıza, bilmenize, olmanıza ve alıp kabul etmenize izin vermeyen her şeyi yıkıp yaratımını iptal etmelisiniz.

*Aynı Zamanda Neyi Algılamalı, Bilmeli, Olmalı ve Alıp Kabul Etmeliyim?*

Ben ilk Access'e başlarken sürekli şu soruyu sordum; *Bana ve Access'e kolaylıkla büyüme izni verecek olan aynı zamanda neyi algılamalı, bilmeli, olmalı ve alıp kabul etmeliyim?* Dört gün kadar günde otuz kez bu soruyu sordum. Birdenbire neyi yapmaya gönüllü olmadığımı fark ettim.

Ben insanlar için bir guru olmaya gönüllü değildim. Ben diğer insanların hayatlarını kontrol etmekle ilgilenmiyordum. Ben kendi hayatımın kontrolüne sahip olmakla ilgileniyordum. Ben kendi hayatımın büyümesiyle ilgileniyordum. Başka hiç kimseninkinden sorumlu olmakla ilgilenmiyordum. Gerçek şu ki Access'e gelebilecek insanları sınırlamak isteyen insanlar için bir guru gibi görünmeye gönüllü değildim.

Kendimi durdurarak ve gerçekte olduğumdan daha az yaparak bir guru olmadığımı kanıtlamaya çalıştığımı keşfettim. Bir kez ne yaptığımı gördüğümde; *Tamam, bir guru olarak görünebilirim. Herhangi bir şey olarak görünebilirim ama onu olmak zorunda değilim. Sadece diğerlerine öyle görünebilirim,* demeye gönüllüydüm. Bunu değiştirdim ve Access büyümeye başladı.

## *Aynı Zamanda Ne Olmalıyım?*

Sonra bir adım ilerlemem gerekti. Sordum; *Öyleyse, aynı zamanda ne olmalıyım?* Fark ettim ki münakaşacı olmam gerekiyor. Eğer münakaşacıysanız insanlar sizin hakkınızda konuşurlar, değil mi? Öyleyse iyi haber şu ki ben mümkün olduğu kadar münakaşacı olmaya gönüllüydüm. Bir keresinde San Fransisko'da bir radyo programında, vereceğim seks ve ilişkiler sınıfından bahsediyordum; "Ve anal seksten ve tacizden bahsedeceğiz." dedim. Ve moderatör; "Ihım... Pardon Bay Douglas..." dedi. Bu eğlenceliydi.

## PARA PROBLEM DEĞİL, SİZSİNİZ

*Eğer Kendinizi Ortaya Koymayacaksınız Daha Fazlasını Alıp Kabul Edebilir misiniz?*

Ben her şeyden konuşmaya gönüllü olduğum için bütünüyle sıradışı olmaya ve daha önce gönüllü olmadığım bir şekilde kendimi ortaya koymaya gönüllü olduğum için her türlü insan benimle çalışmak için çıkageliyor. Eğer siz kendinizi ortaya koymaya gönüllü olmazsanız daha fazlasını alıp kabul edebilir misiniz? Hayır, edemezsiniz. Eğer hayatınızı daha iyi yapmak istiyorsanız münakaşacı olmaya gönüllü olmalısınız. Kazanı karıştırmaya gönüllü olmalısınız. Muhafazakar olduğunu düşündüğünüz her şeyi yıkıp yaratımını iptal etmeye gönüllü olmalı ve mevcut realitenizin kontrol sisteminin dışına çıkmalısınız. Eğer bunu yapmaya gönüllü olsaydınız hayatınız nasıl olurdu?

Cevap; hayatınızda daralmak yerine genişlerdiniz. Bir şeyleri *yapabileceğinizin* veya *yapabilmenin* veya *yapabilir olmanın* yolları yerine onları *yapmamanız* gerektiğinin tüm yollarını mı arıyorsunuz?

Eğer kontrol dışı olursanız başkalarının bakış açılarını s... lemezsiniz. Size uygulanamayacak olan kuralları talep ederek sahip çıkıp kabul etmeyeceksiniz. Eğer diğer insanların kural ve düzenlemeleriyle yaşamayı bırakmak istiyorsanız o zaman artık hayatınızı başkalarının bakış açılarına dayandıramazsınız.

*Eğer Kontrol Dışı Olsaydınız Ne Olurdu?*

Eğer enfes, inanılmaz, varlıklı hayatınızı yaratmakta kontrol dışı, tanımlama dışı, sınırlama dışı, form, yapı ve önem dışı olsaydınız ne olurdu? Sıradışı olurdunuz. Çok fazla eğlenirdiniz. Yaşam, onun neşesini deneyimlemekten ibaret olurdu. Bu küçülmekle ilgili değil, kutlamakla ilgili olurdu.

Lütfen yaşamınızı kutlama kapasitenizi talep edip sahip çıkarak bugünden başlamak üzere onu her gün neşeli bir deneyim yapar mısınız? Ve lütfen kontrol dışı olma kapasitenizi talep edip sahip çıkar mısınız?

# Bölüm Dört
# ZOR İNSANLARLA BAŞA ÇIKMAK

## ELF'ler ve ÇINGIRAKLI YILANLAR

Bir ELF, sırf eğlencesine sizi küçük görecek olan bir kişidir. ELF neyi temsil eder? Evil Little Fuck: Kötü Küçük Sik (bu yüzden "ELF'ler" kısaltmasını kullanıyorum). Bir ELF; "Oh, güzel elbise. Her giydiğinde bayılıyorum!" ya da "Harika elbise. Sana yakışıyor, hem de aldığın bütün kiloya rağmen." diyen bir kişidir.

Biz diğer insanları ya tamamen iyi ya da tamamen kötü olarak görmeye eğilimliyizdir. Onların içinde iyiyi görmek isteriz ama kötüyü değil. Biz kötüyü görmenin kabalık olduğunu düşünürüz. Öyle mi? Yoksa onu görmemek aptalca ve delice mi? Aptalca ve delice. Ayrıca pek bilinçli de değil. Birisinde iyinin yanında kötüyü de görmeye gönüllü olmalıyız.

Hiç birisi sizden faydalandı mı? Hiç paranız için kullanıldınız mı? Dünyada ELF'ler ve çıngıraklı yılanlar olduğunu ve bazılarının insan bedeninde olduğunu fark etmelisiniz.

Bir çıngıraklı yılan, bir insan bedeninde olduğunda onu gece eve götürmek istemezsiniz. Öyle ya da böyle kıçınızı ısıracak ve zehrini evrene bırakacaktır.

Her zaman hayatınızdaki ELF'leri ve çıngıraklı yılanları fark edin. Eğer onların ne olduğunu fark etmezseniz onlar değişemezler. Onlar farklı olamazlar. Biz herkesin tamamen kötü olmadığını biliyoruz, ancak çıngıraklı yılan bağ yılanı olarak anılmak ister mi? Hayır. Bu onları kızdırır ve sizi daha çok ısırmak isterler. Eğer onları fark eder ve kendi kendinize; *Sen harika bir çıngıraklı yılansın ve sırtında harika elmasların var ve adamım, fena çıngırdıyorsun ve ben senden her zaman üç metre uzak duruyorum,* derseniz o zaman ısırılmazsınız.

Eğer birisinde kötülüğü görebilirseniz ve bunu fark ederseniz bu bir yargı mıdır yoksa bu bir gözlem midir? Eğer bu kişinin size kötü şeyler yapmaya istekli olduğunu gözlemlerseniz o zaman o kötü şeyleri yapamazlar. Sadece birisinin yaptığı şeyin kibarca olmadığını, iyi olmadığını veya samimi olmadığını görmeye gönüllü olmadığınız zaman enayi yumruğunu yersiniz. İnsanların nerede durdukları gerçeğini görmeye başlayın. Herkesin tamamen iyi veya herkesin tamamen kötü olduğu fikrini satın almayın.

Bizim de sınıflarımıza aynı yılanlara benzeyen insanlar geldi. Ben; *Lütfen Tanrım, bunun gelmesine izin verme,* diye düşünürsem onlar gelmeye devam ederler. Onlar her zaman harika derslerdir, çünkü eninde sonunda acımasızca ve terbiyesizce bir şey yapacaklarını bilirim. Ama ben bunu bildiğim için hazırlıklıyımdır ve bunu halledebilirim. Sırf sınıfa geldikleri için bilinçli olmak istediklerini veya aslında bilinçli olmaları gerektiğini düşünme hatasını yapmıyorum. Onların seçiminin bilinç karşıtı olmak olduğunu biliyorum ve eğer bilinç karşıtlığı yapıyorlarsa o zaman ne yaptıklarının farkında olmayacaklar ve her fırsatta diğerlerini hor görmeyi seçeceklerdir.

## *Yaşamınızdaki ELF'ler ve Çıngıraklı Yılanlar Kimler?*

Sizin yaşamınızdaki ELF'ler ve çıngıraklı yılanlar kimler? Onların içindeki iyiliği görmek için uğraşmayı bırakacak ve onların acımasızca ve terbiyesizce davranmayı bırakmaları adına doğru şeyi yapamadığınız için kendinizi yargılamaktan vazgeçecek misiniz?

Eğer etrafınızdaki ELF'leri ve çıngıraklı yılanları, onları yargılama bakış açısından değil ama farkındalıktan fark ederseniz onlardan sakınma özgürlüğünü yaratacaksınız ya da onlarla nasıl başa çıkacağınızı bileceksiniz.

Bizim akupunkturcu olan bir arkadaşımız var ve onun da ELF'in babası olan bir müşterisi vardı. Bana onunla ne yapabileceğini sordu ve ben de; "Sadece onu tedavi et ama onun bir ELF olduğunun farkında ol." dedim.

Arkadaşım birkaç hafta sonra beni aradı ve dedi ki; "Buna inanamıyorum! Onun dünya üzerindeki değişebilecek son insan olduğuna inanıyordum ama bugün geldi ve bana 'Hayatım boyunca berbat bir insan oldum. Herkese acımasızca ve terbiyesizce davrandım. Anne olmak istediğime karar verdim ve anne olarak benim gibi acımasız birisini isteyecek bir çocuk düşünemiyorum. Ben değişiyorum.' dedi."

Bütün yapmanız gereken birisinin olduğu hali kabul etmeniz. Onları değiştirmeye çalışmanız gerekmez.

# BAŞTAN SAVMA İŞ YAPAN İNSANLAR

Görevlerini yerine getirmeyen veya çok baştan savma işler yaptıklarından onların başladıkları işleri tamamlamaları için başkasını işe almanız gerektiği insanlar tanıdınız mı? Bunun nasıl yanlarına kar kaldığını merak ettiniz mi? Bunun cevabı; eğer birisinin iyi, kötü ve çirkin dahil, yapacakları her şeyi alıp kabul etmeye gönüllü olmazsanız o zaman kazıklanırsınız.

Bir zamanlar bir temizlikçi kadınım vardı. O tanıdığım birisiydi, bir arkadaş. Bir gün çok çalıştıktan sonra eve geldim. Kapıdan girerken çocuğum kucağımdaydı ve tükenmiş haldeydim. Ev pislik içindeydi.

Ben; "Bugün temizlik yaptın sanıyordum." dedim.
O da "Yaptım, bana 80 dolar vereceksin." dedi.
Ben de "Ne için? Bu yerde görebildiğim tek şey mutfak tezgahının temiz olduğu ve muslukların parladığı ama geri kalan her şey berbat. Halıların süpürülmesi gerek. Mutfağın yerleri temizlenmemiş." dedim.
O da "İyi de bana borcun var." dedi.
Ben de "Sana nasıl borcum olur? Hiçbir şey yapmamışsın. 80 doları hakkettiğini düşünmene sebep olan nedir?" dedim.
O da "Çünkü ediyorum." dedi.
Ben de "Arkadaşım olduğunu zannetmiştim. Hiçbir şeyi temizlemediğin halde onu hakettiğini düşündüğün için beni 80 dolar kazıklayacak mısın? Bu nasıl arkadaşlık?" dedim.
O da "Bu sadece iş. Kişisel alma." dedi.

Hiç size bunu yapan birisi oldu mu? *Bu sadece iş.* Siz de mi bunu sevmediniz; *Bu sadece iş!* Bu, onlar size istedikleri her şeyi yapabilirler ve seçtikleri kadar ahlaksız olabilirler ve siz buna katlanmak zorundasınız ve alındığınız için hatalısınız demektir. Bu sadece iş. Kişisel değil. Evet, bu kişisel! Birisi sizi kazıkladığında bu kişiseldir.

Hiç bu şekilde sizden faydalanıldı mı? Ayağa kalkıp kendi büyüklüğünüz olmaya ve onlara; "Hayır. Buna katlanmıyorum." demeye gönüllü müsünüz?

## Başkalarında Sadece İyiyi mi Görmelisiniz?

Birisinin gerçekten nerede durduğunu algılamamak, bilmemek, olmamak ve alıp kabul etmemek için kendinizin ne kadarını kapatmanız gerekiyor? Az mı yoksa çok mu? Çok. Bazı insanlar buna inanmak istemiyorlar. Onlara başkalarında sadece iyiyi görmeleri gerektiği öğretilmiş ama eğer ne olduğunu göremezsiniz nasıl buna uygun davranacaksınız?

Siz uygun olanı yaparsınız, çünkü sizin farkındalığınız var. Siz bilirsiniz; *Tamam, hava ceketimi giyecek kadar soğuk.* Siz tamamen farkında olduğunuzda bütün bilgiyi alırsınız. Eğer dışarı çıkıp size göz kulak olması için doğayı bekliyorsanız havanın soğuyacağını görmeye gönüllü değilsinizdir. Yağmur yağacağını görmeye gönüllü değilsinizdir. Sırılsıklam mı oldunuz? Üşüdünüz mü? Evet. Hayatlarımızda, ne olacağını algılamadığımız durumlarda olasılıklara karşı çıplağızdır.

## Konu Farkında Olmaktır

Konu farkında olmaktır. Doğada yaptığınız gibi kendinize alıp kabul etme izni vermek demek, algınızı kesmemek ve tüm kanıtlara rağmen; *Tamam, bu birlikte çalışmak için iyi birisi,* diye karar vermemektir. Eğer birisinin dürüst olduğuna karar verirseniz ve size yalan söylerlerse bunu fark edecek misiniz? Yoksa; *Hayır, bana yalan söylemiş olamaz,* mı diyeceksiniz? Siz sonunda; *Ne oldu biliyor musun? O dürüst değil!* diyene kadar o bunu on kez yapabilir.

Ve sonrasında o doğru bir şey söylese bile bir şey fark etmez, onu duyamazsınız. Siz hala farkında değilsinizdir.

Sizlerin, başkalarından neleri alıp kabul edeceğinizi tanımladığınız standartlarınız var. Eğer standartları kaldırırsanız ve kendinize onlardan her şeyi alıp kabul etme izni verirseniz o zaman içeri girmeden önce yargıya sahip olmanız gerekmez. Şöyle diyebilirsiniz; *Tamam, öyleyse benim önümdeki kişi kim? Neler oluyor? Onlar ne yapıyorlar?*

Eğer size yalan söylüyorlarsa; *Oh, bu yalandı. Tamam, ilginç. Merak ediyorum, acaba söyleyecekleri başka yalanlar var mı?* Onların ne hakkında yalan söylediklerini fark etmeye başlayabilirsiniz. Ve sonra fark edersiniz; *Oh, öyleyse eğer ben bunu yaparsam onlar bütün paramı alana kadar bana yalan söyleyecekler ama burada, hayatın diğer alanında onlar dürüstler. Tamam, harika. Onların anlaşmasının bu kısmını alacağım ama o kısmını almayacağım.*

### *Bütün Bilgiyi Almaya Gönüllü müsünüz?*

Eğer DVD oynatıcısı satan bir dükkana giderseniz ve belli bir modeli sorarsanız ve tezgahtar size; "Oh hayır, artık o model bizde yok. Onun modası geçti." derse size gerçeği mi söylüyor? Eğer doğada olduğunuzdaki gibi bütün bilgiyi almaya gönüllüyseniz size doğruyu söylemediğini bileceksiniz.

Gerçekte olan şey, dükkanda o model yok ve tezgahtar size onlarda olan modeli satmak istiyor. Bir şey alana kadar sizin o dükkandan çıkmanızı istemiyor. Size; "Sizin için o modeli bulabilirim." bile demeyecektir. Stokta ne varsa sizin onu almanızı istiyor. Eğer bütün bilgiyi almaya gönüllü olursanız o zaman ne olup bittiğini bilirsiniz ve siz de; *Tamam, burası benim gerçekten iş yapmak isteyeceğim bir yer değil. Bana aradığım şeyi vermeyecekler. Bana hizmet etmekle ilgilenmiyorlar. Sadece benim paramı almakla ilgileniyorlar,* diyebilirsiniz.

Bir şey almaya gittiğinizde neye bakıyorsunuz? Sizinle ilgilenecek bir tezgahtar mı arıyorsunuz? İçeri girdiğinizde birisi size gerçekten arkadaşça; "Merhaba. Sizi görmek ne güzel. Nasılsınız?" diyorsa size göz kulak olacak mıdır? Gerçekçi mi davranıyor? Hayır. Ama ya siz içeri girdiğinizde birisi size; "Merhaba. Sizin için ne yapabilirim?" diyorsa? Eğer size bu soruyu soruyorlarsa sizinle ilgileniyor olabilirler.

## Size Tanrı Ünvanını Kim Verdi?

Birisi ahlaksızca, acımasızca, kötü, kaba, bölücü, haince bir şey yaptığında fark etmezseniz sorumluluğu kendi üzerinize alırsınız. Siz; *Eğer bunu farklı yapmış olsaydım o yaptığı şeyi yapmazdı. Bir şeyi yanlış yapmış olmalıyım. Benim sorunum ne?* diye düşünürsünüz.

Siz, kendinizin acımasızca, kaba şeyler yapmayacağınızı fark etmeye gönüllü değilsiniz. Yapmaya kalkabilirdiniz ama bunu seçmezdiniz. Suçu kendi üzerinize alıyorsunuz. Neden suçu üstleniyorsunuz? Neden başkalarının kötü ve kaba olma seçimlerinizden siz sorumlusunuz? Bütün dünyadan siz mi sorumlusunuz? Size Tanrı ünvanını kim verdi?

Ben de kesinlikle bu bakış açısına sahiptim. *Eğer ben Tanrı olsaydım burası doğru işlerdi.* Ancak bu bakış açısına sahip olduğunuzda her zaman nasıla bakmak zorundasınız; eğer siz farklı bir şey yapsaydınız diğer kişi farklı bir seçim yapmış olurdu. Hayır. Bazı insanlar sadece böyle şeyler yapmaktan hoşlanırlar. Lütfen, bazı insanların sadece kötü olmaktan hoşlandığını talep ederek sahip çıkar ve kabul eder misiniz?

## Kendinizi Yargıladığınızda Farkında Oluyor musunuz?

Başkalarının yaptığı ya da yapmadıkları şeyler için kendinizi suçladığınızda kimi yargılıyorsunuz? Kendinizi. Ve eğer kendinizi yargılıyorsanız farkında oluyor musunuz? Onların bunu sevdikleri için kötü olmayı seçtiklerini görebiliyor musunuz? Hayır. Siz yeterince denemediğinizi varsayıyorsunuz; eğer daha iyisini yapsaydınız onlar kaba olmazlardı.

Birisi paranızı çaldığında, bu siz onlara izin verdiğiniz için mi oluyor? Bu, siz yeterince tetikte olmadığınız için ya da onları yeterince kontrol etmediğiniz için mi oluyor yoksa onlar çalmayı sevdikleri için mi? Çalmayı seven birisi çalmayı sever. Eğer başkalarının seçimlerinden sorumlu olmadığınız gerçeği konusunda netleşirseniz o zaman onlar yapmadan önce onların ne yapacaklarını görebilirsiniz.

Sadece; *Tamam, onlar bunu seçecekler. İlginç bakış açısı*, dersiniz. Ve sonra onlar bunu yaptıklarında siz; *Ne oldu biliyor musun? Yeter. Artık seninle bu oyunu oynamak istemiyorum. Şimdi gidebilirsin yoksa ben gideceğim*, dersiniz.

Bunu düzeltmeye çalışmazsınız. Var olan bir arkadaşlık ya da iş ilişkisini, eğer bunu doğru anlasaydınız veya bir şeyi daha iyi yapsaydınız ya da kendinizi değiştirseydiniz onlar bunu idrak edecek ve birdenbire sizin neden bahsettiğinizi anlayacaklar diye devam ettirmeye çalışmazsınız. Bu olmayacak.

## BİR İŞ ANLAŞMASINDA ALDATILDIKTAN SONRA NE YAPARSINIZ?

Bir iş anlaşmasında ya da ilişkide aldatıldıktan sonra ne yaparsınız? Bir şeyi geri almak için birisinin peşinden koşmak mı kolaydır, yoksa yeni bir şey yaratmak mı? Ne oldu veya olmadı diye geçmişe bakmak yerine dikkatinizi sahip olduğunuzdan daha fazlasını yaratacak bir geleceği nasıl yaratacağınıza verin.

Access'in parçalarını çalmış ve benden öğrendiklerine dayalı olarak kendi programlarını yaratmış olan insanlar var. Bu onların mıydı? Bir gramı bile değil. Onlar her şeyi benden çaldılar. Birkaç şeyi yeniden yazdılar, bir şeylere biraz farklı isimler koydular ve malzeme onlarınmış gibi benim malzemelerimi öğretiyorlar. Onları dava edebilirdim, çünkü bunlar benim telif hakkıyla korunan malzemelerim ama asla bilinçlenmeyecek birisini durdurmak için savaşmak yerine o saatimi bilinçlenmek isteyen birisine yardım ederek harcamayı tercih ederim. Bununla birlikte, çaldıkları malzemelerin her halükarda onların işine yaramayacağını biliyorum.

*Etik Olmayan İnsanlar Er ya da Geç Kendilerini Öldürürler mi?*

Etik olmayan insanlar er ya da geç kendilerini öldürürler mi? Hayır. Onlar karmaya inanmazlar. Onlar kendilerini öldürmeyecekler. Bunu yapabildikleri sürece herkesin canını yakmaya devam edecekler. Ve öldükten sonra tekrar geri gelecekler ve tekrar yapacaklar, çünkü bunu yapmayı seviyorlar. Bazı insanların sadece acımasız ve terbiyesiz olduklarını iddia edip sahip çıkarak kabul eder misiniz? Bu onların iyi oldukları şeylerden biridir. Bu onların hayattaki güçleridir. Birileri bir konuda iyi olduklarında onu yapmaya devam edeceklerdir.

Eğer birisinin ELF veya çıngırıklı yılan olduğunu görmeye gönüllü olursanız sizden faydalanamayacaklardır. Yapamazlar. Ama siz nazik, ilgili, sevecen ve gerçekte olduğunuz bütün o şeyler olduğunuz için genellikle başkalarını oldukları halleriyle göremezsiniz. Bunun yerine kendinizi hatalı olarak yargılarsınız. Fakat gerçek şu ki siz ahlaksız değilsiniz, siz hain değilsiniz, siz kötü niyetli değilsiniz. Ne yazık ki bu, siz uyumlu, eğlenceli ve kolaylıkla faydalanılabilir birisiniz ve herkes sizi enayi olarak görüyor demektir. Ancak siz, sadece acımasız ve hain olmaya istekli olan insanları tanımaya gönüllü olmadığınız sürece bir enayisiniz.

## *Eğer Onların Ne Yapacaklarını Algılayabilirseniz İnsanlar Sizden Faydalanabilirler mi?*

Siz farkında olduğunuz sürece sizden faydalanamazlar, çünkü siz; *Hayır, ben bunu yapmayacağım,* diyebilirsiniz. Sizin seçiminiz var. Siz farkında olduğunuz sürece insanların yaptıklarından daha farklı şeyler yapmalarını beklemezsiniz.

İnsanların bizim davrandığımız gibi davranmalarını beklediğimizde enayi yumruğunu yeriz. İnsanlar nasıl davranacaklarsa öyle davranacaklardır ve siz bunu görmeye gönüllü olmalısınız. Eğer bu bilgiyi almaya gönüllü olmazsanız sizden faydalanacaklardır.

Yargı olmadan bütün bilgiyi alıp kabul etmelisiniz. Neler olduğuna bakın. Bu; *Vay, dikkatli olmalıyım,* değil. Bu; *Vay, farkında olmalıyım*'dır. Eğer farkında olursanız hiç kimse sizden faydalanamaz ama eğer dikkatli olursanız herkes sizden faydalanır.

Dain bir BMW bakarken satılık ilanı vermiş olan bir galeriye gittik. O sabah onları aradık ve arabanın hala satışta olduğunu söylediler ama oraya vardığımızda satış yetkilisi "Oh, onu çoktan sattık. Sorun değil. Elimizde bu Porsche Boxster'lar var. BMW için bir sürü insan aradı ve ben bunu on kişiye yaptım. Onun yerine onlara bu arabaya gösterdim." dedi.

"Bunu *onlara* yaptım," dedi.
Bunu biliyorduk. "Hoşça kal! Teşekkürler."
Oradan ayrıldık.

## ELF'ler VE ÇINGIRAKLI YILANLARLA NASIL BAŞA ÇIKARSINIZ?

ELF'ler ve çıngıraklı yılanlar gibi zor insanlarla nasıl başa çıkarsınız? Bunu bir menfaatiniz olmadan yaparsınız. Sonuçtan bir menfaatiniz olmaz.

Hayatta bir şey istediğinizde, her ne almak istiyorsanız sonucundan bir mefaatiniz olmamalı. Bununla ne demek istediğimizi anlıyor musunuz? Eğer ben bir milyon dolar istediğimi ve bunu sizden elde etmem gerektiğini düşünüyorsam sonuçtan menfaatim vardır. Talep ederim; *Bana milyon dolar verecek misiniz? Bana milyon dolarımı verin!* Bu, sonuçtan menfaati olmaktır.

*Milyon dolar kazanmalıyım,* demek; *dışarı çıkmalı ve bunu yapmalı ve bunu ve bunu yapmalıyım,* demektir. *Bir milyon dolar istiyorum, öyleyse bu 3 milyon dolarlık kurulum sürecinden geçmem gerekir, o zaman bu kişinin bokunu yemem lazım, bu kişinin tükürdüğünü yalamam lazım, her fırsatta bankacıların beni dolandırmasına izin vermem lazım ve sonunda her şey yoluna girecek.*

Ancak sonuçtan bir menfaatiniz olmadığında sorabilirsiniz; *Önümüzdeki iki yıl içerisinde veya önümüzdeki yıl ya da önümüzdeki altı ay içerisinde 1 milyon doların hayatıma girmesi için sonsuz olasılıklar nelerdir?* Onu alıp kabul etmenize izin verecek olan bilginin size gelmesine izin verirsiniz.

Zor insanlarla başa çıkmanın en kolay yolu izin vermektir. Eğer çıngıraklı yılanın farkında olursanız onunla yatağa girer misiniz? Eğer ELF veya çıngıraklı yılanı fark ederseniz; *İlginç bakış açısı,* diyebilirsiniz. O bunun yanına kar kalacağını düşünür. Eğer sakin, serinkanlı ve kendinize hakim kalırsanız ve eğer algıladığınız şeyle mevcut olursanız onun bunu deneyip canınızı yakacağını bilirsiniz. Bütün konuşma boyunca farkında olursunuz ve bunun olmasına izin vermezsiniz.

*Oh, o gerçekten çok iyi birisi,* dediğinizde öldünüz. *Ona kendi ilacından tattıracağım,* dediğinizde savaştasınız. Birisiyle çatışma içine düştüğünüz zaman enerji orada kilitlenir. Enerjinin bir yerde kilitlenmesini istemezsiniz, onun akmasını istersiniz. Bunun olmasına izin vermek için izin vermeniz gerekir. Siz akıntıdaki kayasınız ve su etrafınızdan akar. O zor kişi her ne yapıyorsa yapsın bu sadece ilginç bir bakış açısıdır ve her şey sadece bir ilginç bakış açısı olduğunda siz akıntıdaki kaya olursunuz ve su – ya da enerji – akmaya devam eder.

## AYAKLARINI YERDEN KESERCESİNE ÇEKİN

Ben ilk eğitim vermeye başladığımda derdim ki; *İnsanlar size enerji ittirdiğinde onlardan çok sıkı enerji çekebilmelisiniz ki pes etsinler.*

Bir gün, "Ben pazarlamacılardan nefret ediyorum, özellikle akşam yemeği saatinde aradıklarında. Eğer onlardan enerji çekersem ne olur, merak ediyorum." diye düşündüm. Her akşam saat altıda telefon çalmaya başlardı ve arayan hep bir pazarlamacı olurdu ve her zaman bir şeyler satmaya çalışırlardı. Bunu değiştirmeye karar verdim. Bir akşam telefon çaldı ve ben; *Tamam, bu bir pazarlamacı. Bunun bir pazarlamacı olduğunu biliyorum,* dedim.

Telefonu açtım ve "Merhaba" dedim ve evet, arayan bir pazarlamacıydı. Laf kalabalığına başladı ve ben de ondan enerji çekmeye başladım.
Ben, "Bu gerçekten harika. Ben de bunlardan arıyordum. Bana iki tane gönderir misiniz?" dedim.
Bana, "Ah, evet efendim. Kredi kartı numaranızı alabilir miyim?" dedi.
"Tabii, sorun değil" dedim ve ondan deli gibi enerji çekiyordum. Kredi kartı numarasını aldı ve "Bunu istediğinize emin misiniz efendim?" diye sordu.
Ben, "Kesinlikle. Bu tam benim aradığım şey." dedim.

Onun düşündüğünü hissedebiliyordum; "Hesaplama yapılamıyor, hesaplama yapılamıyor, hesaplama yapılamıyor."

Telefonu kapattı. Beş dakika geçmeden bir telefon geldi. "Bay Douglas? Ben bilmem nerenin yöneticisiyim." Ben deli gibi enerji çekiyordum, bedenimin ve varlığımın her gözeneğinden enerji çekiyordum.
"Bunu siz mi sipariş ettiniz?" diye sordu.
Ben, "Evet, ben ettim ve geleceği için çok mutluyum." dedim.
O da "Çok teşekkürler Bay Douglas." dedi.

## Satış Yapan İnsanların Bariyere İhtiyacı Vardır

Ürün bana hiç ulaşmadı ve onun için benden para tahsil edilmedi. Neden? Çünkü satış yapan insanların bariyere ihtiyacı vardır. Onlar sizin bir bariyeriniz olduğunu ve onu devirebileceklerini bilirler, bir satışları vardır. Ancak siz bir bariyer koymazsanız ve onlardan enerji çekerseniz bir yanlışlık olduğunu – sizin bir deli, bir yalancı olduğunuzu veya bir başkasının kredi kartı numarasını verdiğinizi – düşünürler. Eğer bariyeriniz yoksa ve direnip tepki göstermiyorsanız büyük bir yanlışlık vardır.

Ben evimin camından, pazarlamacıların ön kapıma geldiklerini görebiliyorum ve onları gördüğüm zaman onlardan enerji çekmeye başlıyorum, çünkü bariyerlerimi devirmeye çalışacaklarını biliyorum. Eve doğru giden yol düz çimento kaplı ama ben onlardan enerji çektiğim için kapıya varamadan düşecek gibi oluyorlar.

> Ben kapıyı açtığımda, "Merhaba, nasılsınız?" diyorum ve enerji çekiyorum.
> Onlar, "Merhaba, ben bunu satıyorum ve hiç iyi değil ve gerçekten istemezsiniz." diyorlar.
> Enerji çekmeye devam ediyorum ve onlar da "Önemli değil. Hoşça kalın." diyorlar.

Bunları bana neden söylediklerine dair hiçbir fikirleri yok.

Bir araba satıcısı, "Elimde bu gerçekten harika kamyon var ve gerçekten kullanılabilir." diyecektir. Enerji çektiğinizde "Ve üzerindeki şanzıman dağılmak üzere ve bu paraya değmez. Bunu söylediğime inanamıyorum." diyecektir. Her zaman bunu yaparlar.

Onlar size enerji ittirirken siz onlardan deli gibi enerji çekmelisiniz.

Eğer size enerji ittiren birisinden büyük ölçüde enerji çekerseniz onların ürünlerini almamanız için size bütün sebepleri anlatacaklardır. Bu aynı zamanda kapınıza gelen dindar insanlarda da işe yarar. Eğer onların gelmesine izin verirseniz ve onlardan deli gibi enerji çekerseniz gideceklerdir.

Dindar insanlar benim evime gelirlerdi ve ben onların kim olduklarını bilirdim ve kapıyı açar ve deli gibi enerji çekerek "Merhaba, nasılsınız?" derdim.

Ve onlar, "Merhaba, biz Tanrı adına buradayız." veya bunun gibi bir şeyler söylerlerdi.
Ben de "Harika. Sizin söyleyeceğiniz her şeyi dinlemek isterim. İzin verirseniz size kanal olabilir miyim?" derdim.
Işık hızıyla oradan uzaklaşırlardı ve evim kaçınılacak evler listesine girerdi. Bir daha asla geri gelmediler.

## *Nasıl Enerji Çekersiniz?*

Nasıl enerji çekersiniz? Sadece enerjiye çekmesini sorarsınız. Geçenlerde birisi bana bunun polisle nasıl işe yaradığını anlattı. Hızdan kenara çekilmişti ve enerji çekti. Polis ona ceza yazmak yerine; "Bunu bir daha yapma." dedi. Bunu her yerde kullanabilirsiniz. Siz birisinden enerji çektiğiniz sürece size saldırgan bir şekilde davranamazlar. Siz enerji çektiğinizde saldırganlık biter.

Bunun pratiğini yapmak için yapabileceğiniz şeylerden birisi de bir kafeye gidin, bir sürü insanın olduğu bir yere. Sadece kapının kenarında durun ve hepsi dönüp size bakana kadar herkesten enerji çekin.

Sadece enerjiye çekmesini sorun. *Tamam, herkes dönüp bana bakana kadar buradaki herkesten enerji çekeceğim.*

İnsanlar dönüp size bakacaklar ve siz *Harika!* diyeceksiniz. Bütün gereken bu kadar. Çalışmak gerekmiyor. Çaba gerekmiyor. Kolay.

## SİZE OLAN BORCU NASIL ALIRSINIZ?

Bazen insanlar bana; "Bana olan borcu nasıl alabilirim?" diye soruyorlar. Eğer birisinin size borcu varsa yapılacak olan şey kalbinizin açıldığını hissedene kadar bedeninizin ve varlığınız her bir gözeneği ile onlardan enerji çekmektir. Bu olduğunda onlarla bağlantı kurarsınız. Sonra küçük bir damlayı onlara geri gönderin. Bunu her gün yapmaya devam edin, günde 24 saat. Size borçlarını ödeyene kadar sizi akıllarından çıkaramayacaklar.

Sonucundan bir menfaat gözetmeden bunu yapın. Onlarla olan bu bağlantıyı devam ettireceğinize ve borç verdiğiniz para akışla size gelene kadar bu enerji akışının size gelmesine izin vereceğinize karar verin.

## *Bu Nasıl İşe Yarar?*

Birisi size para borcu olduğunda bir bariyer koyar. Eğer onlardan enerji çekerseniz ve küçük bir damlasını geri gönderirseniz sizi düşünmeyi bırakamazlar. Sizi daha fazla düşündükçe daha fazla suçlu hissederler. Daha fazla suçlu hissettikçe size ödemeleri daha muhtemeldir. Bu işe yarar!

Ölen birisinden paranızı almaya mı çalışıyorsunuz? Aynı şeyi yapın. Başka bir bedende size gelecek ve size para verecektir ve siz merak edeceksinizdir; *Bu adam neden bana bu parayı veriyor?* O gidip yeni bir beden edinmiş ve geri gelmiştir. Siz sınırsız bir varlıksınız, değil mi? Sadece tek bir yaşam süresinin önemli olduğunu mu sanıyorsunuz?

Hiç birisinin gelip sizin için çok para harcadığı ya da sizden bir şey satın aldığı veya size bir iş ya da büyük bir miktar para verdiği ve bunu neden yaptıkları hakkında hiçbir fikrinizin olmadığı bir deneyim yaşadınız mı? Sizinle gerçek bir bağlantıları olmadığı halde gelip size aslında kazanmadığınız büyük miktarda bir para verdiler mi? Size parayı bırakıp sonra da hayatınızdan çıktılar mı? Eğer size böyle bir şey olduysa bunun nedeni bu kişinin başka bir hayattan size borcu olmasıdır.

# Bölüm Beş
# HEDİYELENDİRMEK VE ALIP KABUL ETMEK

## ALIP KABUL ETMEYİ ÖĞRENMEK YAPABİLECEĞİNİZ EN BÜYÜK ŞEYDİR

Biz, onların para sorunlarıyla ilgili olarak pek çok insanla çalıştık. Biz, cebinde 10 dolar olan insanlarla ve cebinde 10 milyon dolar olan insanlarla çalıştık. İlginç olan şey, hepsinin sorunu aynı ve bunun parayla hiç ilgisi yok. Bu, onların neyi alıp kabul etmeye gönüllü olduklarıyla ilgili.

Alıp kabul etmeyi öğrenmek, yapabileceğiniz en büyük şeydir. Paranın sınırlaması, seksin sınırlaması, ilişkinin sınırlaması, hayatınızdaki herhangi bir şeyin sınırlaması, neyi alıp kabul etmeye gönüllü olmadığınıza dayanmaktadır. Alıp kabul etmeye gönüllü olmadığınız şey, sahip olabileceğiniz şeyin sınırlamasını yaratır.

## YARGI, ALIP KABUL ETME KAPASİTENİZİ SINIRLAR

Herhangi bir şeyle ilgili yargıya girdiğiniz zaman, bu ister pozitif bir yargı olsun ister negatif bir yargı veya herhangi bir yargı, o yargının ötesinde alıp kabul etme kapasitenizi kesersiniz. Yaptığınız her yargı, hatta; *Bu mükemmel biri,* gibi pozitif bir yargı bile ona uymayan herhangi bir şeyi alıp kabul etmenizi engeller, sizi onların mükemmel olmadıklarını görmekten alıkoyar. Eğer mükemmel kadınla evlendiğinize karar verirseniz o mükemmel olmadığında onu görebilir misiniz? Sizi aldattığında bunu görebilir misiniz? Hayır. O kişiyle ilgili bütün realiteyi alıp kabul edemezsiniz.

Alıp kabul edemediğimiz her neyse bizim yargılarımıza dayanmaktadır. Yargıyla yaşamanız gerekir mi? Hayır. Aslında, yargısız yaşamanız gerekir. Eğer yargısızlıktan yaşarsanız dünyanın bütününü alıp kabul edebilirsiniz. Her zaman istediğiniz her şeye sahip olabilirsiniz. Yargısız olduğunuzda alıp kabul edemeyeceğiniz hiçbir şey yoktur.

Şehrin, homoseksüellerin olduğu bölümünde erkek kıyafetleri satan bir adamla çalıştım. İşiyle ilgili sorun yaşıyordu ve benden sorunun ne olduğunu çözmek için yardım istedi. Her şeyi inceledik ve hepsi oldukça iyi görünüyordu ve ben, "Onu başarılı olmaktan alıkoyan şey nedir?" diye düşünüyordum.

Ben dedim ki "Öyleyse bana müşterilerinden bahset."
O, "Oh, onlar oldukça iyiler ancak o adamlar hariç." dedi.
Ben, "O adamlar? O adamlar kim?" diye sordum.

O, "Oh bilirsin, gelen efemine kraliçeler. Buraya gelip bana asılmalarından nefret ediyorum." dedi.
Ben de, "Senin dükkanın şehrin homoseksüellerin olduğu bölgesinde, değil mi?" diye sordum.
O da "Evet." dedi.
Ben, "Ne biliyor musun? Burada bir hata yaptın, çünkü müşterilerinin enerjilerini alıp kabul etmiyorsun. Eğer sen onların enerjilerini almaya gönüllü olmazsan sana hiç para vermeyecekler." dedim.
O, "Ne demek istiyorsun?" dedi.
Ben, "Eğer onların paralarını almak istiyorsan onların enerjilerini alıp kabul etmeye gönüllü olmalısın. Şakalaşmayı ve onlarla flört etmeyi öğrenmek zorundasın." dedim.
O, "Bunu asla yapamam! Bir adamla seks yapmak istemiyorum!" dedi.
Ben, "Sana onlarla seks yapmak zorundasın demedim. Onlarla flört etmelisin dedim. Bir kadınla flört edersin, değil mi?" diye sordum.
O, "Karım etrafta değilken." dedi.
Ben de "Adamla sadece flört et. Bu onunla çiftleşmek zorundasın demek değil. Bu sadece onun sana verdiği enerjiyi alıp kabul etmeye gönüllüsün demek ve sonra onun parasını alabilirsin." dedim.

Böylece müşterilerden keyif almayı ve onlarla şakalaşıp flört etmeyi öğrendi. Onlarla iyi zaman geçirmeyi öğrendi ve çok para kazanmaya başladı. Müşterilerinin enerjisini alıp kabul etmekle ilgili yargısı vardı, ki bu finansal olarak neyi alıp kabul edebileceği konusunda sınırlama yaratıyordu. Aynısı sizin için de geçerli. Enerjetik olarak alıp kabul etmeye gönüllü olmadığınız şey, para yaratabileceğiniz şeyle ilgili sınırlama haline gelir.

GARY M. DOUGLAS & DR. DAIN HEER

## NEYİ KESİNLİKLE ALIP KABUL ETMEYE GÖNÜLLÜ DEĞİLSİNİZ?

Size bir soru soracağız ve aklınıza gelen ilk şeyi yazmanızı veya yüksek sesle söylemenizi istiyoruz, özellikle de bu size hiç mantıklı gelmezse. Bu sorunun amacı, alıp kabul etmeye gönüllü olmadığınız şeyi çözmek. Alıp kabul etmeye gönüllü olmadığımız şey, hayatlarımızda yaratabileceğimiz şeyin sınırlamasını yaratır. Sahip olabileceğimiz şeyi sınırlar.

İşte soru; Neyi kesinlikle alıp kabul etmeye gönüllü değilsiniz, ki eğer gönüllü olsaydınız bu toplam bolluk olarak tezahür edecekti?

Biz bu soruyu bir grup insana sorduk. Bunlar, onların söyledikleri cevapların bazıları. Bunların herhangi biri sizin için de geçerli mi?

*İnsanların benden hoşlanmaması*

*Yargılar*

*Sağlık*

*Kendimle yakınlık*

*Aşk*

*Seks*

Neyi kesinlikle alıp kabul etmeye gönüllü değilsiniz, ki eğer gönüllü olsaydınız bu toplam bolluk olarak tezahür edecekti? Sizin listenizde neler var? Cevabınız bunlara benziyor mu?

*Sorumluluk*

*Kendimin büyüklüğü*

*Başarı*

## PARA PROBLEM DEĞİL, SİZSİNİZ

*Köle olacağım bir şey*

*Tuhaf ve farklı olmak*

*Hayatımda eğlence olduğu için iyi hissetmek*

Neyi kesinlikle alıp kabul etmeye gönüllü değilsiniz, ki eğer gönüllü olsaydınız bu toplam bolluk olarak tezahür edecekti? Bu sefer ne açığa çıktı? Cevabınız bunlardan birini içeriyor mu?

*Kolay para*

*Bunalmış olmak*

*Önemsemek*

*Yanlış olmak*

*Yaratma yeteneği*

*Yardım*

*Yüzümün tokatlanması*

*Neşeli olmak*

*Risk almak*

Oldukça ilginç, değil mi? Alıp kabul etmeye gönüllü olmadığınız şeyler hayatta sahip olabileceklerinizi sınırlar. Bunları alıp kabul etmeye gönüllü olmadığınız için bolluğa sahip olamazsınız. Herkes hemen hemen aynı soruna sahip. Sizin için açığa çıkan her neyse onu alıp kabul etmeye gönüllü olmamanız sahip olabileceğiniz para miktarını sınırlar. Her açıdan sahip olabileceklerinizi sınırlar. Problemi oluşturan bizim alıp kabul etmeye gönüllü olmadığımız şeydir. Ya eğer siz herhangi bir şeyi ve her şeyi alıp kabul etmeye gönüllü olsaydınız?

Hangi enerjiyi alıp kabul edemeyeceğinize karar verdiniz? Sizi sınırsızca alıp kabul etmekten alıkoyan hangi yargıya sahipsiniz? Siz bu soruları okurken aklınızda birden beliren bir şeyler olabilir. Bu – tahmin edin nereden – çılgın zihninizden gelen bir cevap olacaktır, çünkü bütün sınırlamalarınızı yaratan odur. Sizin mantıklı zihniniz bu çılgın sınırlamaları alır ve onları haklı çıkarır. Sınırlamayı var oluşta tutan kararları ve yargıları sağlar.

Bununla ilgili harika olan şey, birden aklınıza gelen çılgın zihninizin yanıtı sadece sınırlamanızın ifadesi değildir, aynı zamanda sizi özgür kılacak olan cevaptır. Mantıklı zihniniz, sadece halihazırda sahip olduğunuz çılgın bakış açınız için gerekçeler sağlar.

Öyleyse hangi enerjiyi alıp kabul etmeye gönüllü değilsiniz?

## *Ben Evli Kadınlarla Düşüp Kalkmam*

Yıllar önce otuzlu yaşlarımdayken atları eğitiyordum. O dönemde, altı aylığına Avrupa'ya gitmeyi planlıyordum ve Santa Barbara'nın lüks bir bölgesi olan Montesito'da yaşayan bir kadınla tanıştım. Binmemi istediği bazı atları vardı, o yüzden gittim ve onun atlarına bindim. Benim çok hoş olduğumu düşündü ve bana asılmaya başladı. Benim buna yaklaşımım bir yargıydı; *Ben evli kadınlarla düşüp kalkmam.* Kocası avukattı ve istediğim son şeyin kendimi böyle bir şeye bulaştırmak olduğunu düşündüm. Gerçekten başım derde girebilirdi.

Ben Avrupa'ya gittim ve altı ay yoktum. Geri döndüğümde kadın beni aramaya başladı ve daha önceki yargıma dayalı olarak onu atlattım ve atlattım ve onunla hiçbir ilgim olmadı.

İki ay sonra, bana kardeşim olacak kadar benzeyen birisiyle evlendiğini öğrendim. Ben onun evli olduğunu varsaymıştım ama aslında ben Avrupa'dayken kocasından boşanmıştı. Hiç kimse bana söylemedi.

Evlendikten altı ay sonra beyin kanamasından öldü ve kocasına 67 milyon dolar bıraktı. Yargılarımın hayatımı etkilediğini mi düşünüyorsunuz? Sizin hangi yargılarınız hayatınızda eşit derecede zararlı bir etki yaratabilirler?

## KONTROL DIŞI karşısında KONTROLSÜZ

Bizler yarattığımız sınırlamalarla kendimizi kontrol etmeye eğilimliyizdir. Bizler neyi alıp kabul edeceğimiz, neyi alıp kabul etmeyeceğimiz, nelerin mümkün olduğu, nelerin mümkün olmadığı, nasıl görüneceğini düşündüğümüz ve nasıl görünmesini istediğimiz konusunda kendi etrafımızda kontrol yaratırız. Bunun kontrolü bize vereceğini düşünürüz. Ancak siz kontrolde olmamalısınız, siz kontrol dışı olmalısınız. Tamamen kontrol dışı olmaya gönüllü olduğunuz bir noktaya gelmelisiniz.

Ben kontrol dışı derken bunu sarhoş ve darmadağın veya otobanda saatte 8.000 km hızla gitmek anlamında söylemiyorum. Halk içinde çırılçıplak kalmaktan veya onun gibi bir şeyden bahsetmiyorum. Bu kontrolsüzlük. Siz kontrol dışı olmalısınız. Hayatınızdaki problem sizin kontrol dışı olmamanızdır.

Zamanımızın çoğunu, bu dünyada geçinip gidebilelim diye yargı içinde oturarak, kendimizi nasıl kontrol altına alacağımızı anlamaya çalışarak harcamaya eğilimliyiz. Kontrol dışı olduğumuzda, normal kutusunun ve normal referans noktalarının dışına çıkmaya gönüllüyüzdür. Kontrol dışı olmak, kontrolsüz ve sarhoş ve darmadağın olmak değildir. Bu, başka insanların bakış açılarının, başka insanların realitelerinin, yargılarının ve kararlarının kontrolünün bizim hayatlarımızda kontrol unsuru olmasına izin vermekle ilgili değildir. Kontrol dışı olmak, hayatınızın parçalarını başkalarına verdiğiniz ve onları kendinizden daha güçlü yaptığınız bütün bu yerleri ortadan kaldırmaktır. Kontrol dışı olmak, artık etki olmamak ama kaynak olmaktır.

Kontrol dışı olmalısınız, çünkü hayatınızı siz tanımladınız. Hayatınızı siz tanımladınız ve sınırladınız. Hayatınız dediğiniz tabutu siz yarattınız. Canlı olduğunuzu düşünüyorsunuz ama bir tabutun içinde yaşıyorsunuz. Eğer o sınırlamaları yıksaydınız bir kontrol dışı olma duyusundan yaratmaya başlayabilirdiniz.

Bir kez kontrol dışı olmaya gönüllü olduğunuzda, hayatınız olarak yarattığınız tabuttan çıkmaya gönüllü olursunuz. Gelecekte yaratacağınızın kaynağı olarak eski deneyime bakmazsınız. Anda yaşamaya başlarsınız. Sınırlı bakış açılarınıza dayalı olarak cevapları bulmaya çalışmak yerine size cevabı vermesi için evreni güçlendirirsiniz.

## ALMA VE VERME karşısında HEDİYELENDİRME VE ALIP KABUL ETME

Bu dünya büyük ölçüde alma ve verme pratiğine dayalıdır. Bu; *Ben sana bunu veriyorum, sen bana bunu ver,* diyen bir bakış açısıdır. Bu hepimizin içine sıkışıp kaldığı bir değiş tokuş yöntemidir. *Eğer ben sana oral seks yaparsam o zaman sen de bana oral seks yapma zorunluluğu hisset.* Bu bir değiş tokuş. *Ben bunu yaptım, şimdi sen şunu yapmalısın.*

Diğer yandan hediyelendirmede gerçekleşen ayrı bir değiş tokuş yoktur. Siz karşılığını beklemeden verirsiniz ve sonuç olarak aynı anda sınırsızca alıp kabul edersiniz. Hediyelendirmek alıp kabul etmektir ve alıp kabul etmek hediyelendirmektir; hepsi aynı anda. Hediyelendirme ve alıp kabul etmede size gerçekten her şeyle birlik duyusuna sahip olma izni veren öğelere sahip olursunuz. Mesela doğaya çıktığınızda, o sizi hediyelendirir mi? Karşılığında sizden herhangi bir şey bekler mi?

Doğa her an sahip olduğu her şeyi hediye eder ve aynı anda her şeyden alıp kabul eder. Meyve ağaçları meyveyi yaratır ve tamamen size hediye eder. Herhangi bir kısmını saklar mı?

Bir çiçek tarhı dolusu güzel çiçeğiniz olduğunda size kokularını ve güzelliklerini hediye ederler ve karşılığında hiçbir şey istemezler. Sizden alıp kabul ettikleri şey onlara verdiğiniz enerji ve onların güzelliklerine duyduğunuz şükrandır.

Çoğumuz hediyelendirmek ve alıp kabul etmek yerine alma ve verme dünyasında yaşarız. Biz; "Ben sana bunu vereceğim ama karşılığında senden bir şey beklerim." deriz. Biz, karşılığında bir şey elde edeceğimiz fikriyle hediye veririz. Kaç kez, size bir şey verildiğinde verenin sizden ne yapmanızı, vermenizi, katkı olmanızı veya onlar için bir şekilde işlev göstermenizi beklediğini biliyorsunuz? Çoğu kez mi? Bu doğru. *Eğer ben sana bunu verirsem o zaman sen de bana şunu vermelisin.* Bu alma ve vermedir.

Siz alma ve verme dünyasında yaşadığınızda hediyelendirmeyi ortadan kaldırırsınız. Bu korkunç bir hatadır, çünkü siz birisini hediyelendirdiğinizde, gerçekten onları hediyelendirdiğinizde, aynı anda hayal edebileceğiniz her şeyin ötesinde bollukla alıp kabul edersiniz. Eğer beklentiniz olmadan gerçekten hediyelendirirseniz o zaman her bakımdan bollukla alıp kabul edersiniz. Ancak bu gezegende biz çoğunlukla sadece yapmaya zorunlu olduğumuzda veririz. Bizim iş hayatında yaptığımız şey değiş tokuşun alma ve verme realitesidir, bolluk değildir.

Eğer size karşılığında hiçbir şey beklemeden verme izni veren cömertlik ruhuna sahip olsaydınız bu sizin dünyanızda nasıl olurdu? Bu harika olmaz mıydı? Neden bunun hayatınıza gelmesine izin vermiyorsunuz? Belki de insanların onlara verdiğiniz şeyi alıp kabul etmesini beklemediğiniz içindir, ki alıp kabul etmezler.

## *Alıp Kabul Edemeyen İnsanlar*

Verdiğiniz şeyi alıp kabul edemeyen insanlar, hediyenizi bir çift hançer eşliğinde size geri verirler. Bundan ne kadar hoşlanmadıklarını size göstermek zorundadırlar, çünkü zaten en başında onu alıp kabul edememişlerdir.

Bir kadın bana babasından bahsetti. Ona, onu ne kadar önemsediğini anlatmaya çalışmış ve babası; "Evet evet, hayatım, tamam." diye yanıtlamış. O bunu alıp kabul edememiş. Söylediğiniz şeyi veya hediye ettiğiniz şeyi alıp kabul edemeyen birisine bir şey vermeye çalıştığınızda onlar bunu her zaman yadsıyacaklardır.

## *Çok Fazla Veren İnsanlar*

Bazı insanlar, diğerlerinin çok fazla verdikleri için onlarla mutlu olacaklarını düşünerek verirler ve verirler ve verirler. Bu hediyelendirmek midir? Hayır, çünkü bu karşılığında bir şey beklemektir. İşe yarar mı? Diğer kişi onlardan memnun kalır mı? Hayır. Genellikle şöyle derler; *Oh, bundan daha fazlasını alacağım – ve daha fazlasını – ve başka nelerin var? Onu da alacağım.*

Hiç çok fazla verme rutinini yaptınız mı? Çocuklarınıza çok fazla verir misiniz? Onlara verdiğiniz şey için şükran duyuyorlar mı? Benim çocuklarımla görünen o ki ben onlara daha fazla verdikçe onlar daha fazla alıyorlar. Arkadaşım Mary'nin söylediği gibi; çocuklar son nefesinize kadar alırlar ve asla teşekkür etmezler. Onlar her zaman onlara vermenizi beklerler ve her zaman sizden alacaklardır. Hediyenin onurlandırılması gerektiğini görmüyorlar.

## PARA PROBLEM DEĞİL, SİZSİNİZ

Sizin onlara verdiğiniz şeyi hediye olarak düşünmüyorlar; her ne verirseniz kendi hakları olduğunu düşünüyorlar.

Ne zaman hakkı olduğunu hisseden veya paranız olduğu ya da bunu yapabildiğiniz için vermeniz gerektiğini düşünen birisine verirseniz bu çok temiz olmayacaktır. Vermenizde veya verdiğinizin alınmasında gerçek bir neşe olmayacaktır. Eğer yeterince sahip olmayan bir arkadaşınız varsa ona yardım etmek için vermeyi deneyebilirsiniz ve sonra çok geçmeden kendizi sürekli ona verirken bulabilirsiniz ve bunun sonu yok. Alma ve verme programında olduğunuzda olan budur. Bütün bu vermeyi yaparken aslında alıp kabul etmemeniz gerektiğine inanıyor olabilir misiniz? Her zaman vermeniz ama asla alıp kabul etmemeniz gerektiğini hissediyor olabilir misiniz?

Bazı insanlar, diğerlerini daha eksik hissettirmek adına verirler. Biz insanlara her zaman oldukça pahalı hediyeler veren bir kadın tanıyoruz. Bununla sorun yaşayan arkadaşlarından birisi bana; "Ona karşılığında hiçbir şey veremiyorum, çünkü bana harcadığı para miktarına eşdeğer bir şey alamam." dedi. Bir süre bundan konuştuk ve arkadaşının verme şeklinin diğer insanları uzaklaştırmasının bir yolu olduğunu fark etti, bu yüzden daha fazlasını aldıkları halde kendilerini daha eksik hissediyorlardı.

Alma ve verme ile hediyelendirme ve alıp kabul etme her türlü ilişkide meydana gelir. Eğer siz yüzde 150 vermeniz gerektiğini düşündüğünüz bir ilişkideyseniz genellikle yüzde 150 almaya gönüllü olan birisiyle beraber olursunuz. Sizin verdiğiniz kadar veren birisini bulmazsınız. Ancak ilişkide gerçekten hediyelendirip alıp kabul ettiğinizde, sonuç olarak kişi sizi hediyelendirir ve aynı anda alıp kabul eder. Siz onları hediyelendirir ve aynı anda alıp kabul edersiniz.

## *Alma ve Verme Dünyasının Gelir ve Gider Defterinde mi Yaşıyorsunuz?*

Çoğunlukla insanlar bir şeylere sahip olmaktan uzak kaldıklarında şöyle diyen bir bakış açısı geliştirirler; *Bu benim ve ne kadara sahip olduğumu biliyorum ve benim fıstıklarımdan birini almaya çalışmazsan iyi olur, kahrolasıca.* Onlar alma ve verme dünyasının gelir ve gider defterinde yaşarlar. Hesaplarını dengeli tutan insanlar tanıyor musunuz? Onlar şöyle şeyler söylerler; "Fatura 37,50 dolar. Eğer ikiye bölersek her birimiz için 18,75 dolar eder. Tamam, bana 18,75 dolar borçlusun.", "Bu benim yemeğim. Benim avokadolarımı yeme!" Bu tarz bir düşüncenin sonucunda onlar bolluğa sahip olamazlar. Gelir ve gider defteri dünyasında yaşayıp da hayatınızın bolluğuna inanamazsınız. Eğer tamamen farklı bir bakış açısı alsaydınız ne olurdu; *Onu istiyor musun? Al onu!*

Kendi payımı almam lazım fikrinden kurtulduğunuzda, evrenin bolluğunu deneyimleyebilirsiniz. Eğer siz tamamen bolluk içindeyseniz ev arkadaşınızın sizin olduğunu düşündüğünüz avokadoyu yemesini umursar mısınız? Eğer siz sınırsız kaynakları, sınırsız olasılıkları olan sınırsız bir varlık iseniz bir şeyler sizden nasıl alınır ki? Gerçekten. Siz gerçekten hiç hediyesiz kalır mısınız?

## *Evren Sonsuz Bolluk İçindedir*

Benim hediyelendirme ve alıp kabul etmeyle ilgili bakış açımı değiştirmemin yollarından biri, beklenti olmadan vermeyi pratik etmemdi. Bir keresinde bir arkadaşımla bir restorana gittik. Ben bir fincan kahve ve tatlı istedim ve arkadaşım bir fincan çay istedi. Garsonumuz kırk beş yaşlarındaydı. Önce arkadaşıma bir kaşık getirdi, sonra geri gitti ve bana bir kaşık getirdi. Sonra bana bir fincan kahve getirdi. Sonra geri gitti ve çayı getirdi, sonra sütü ve sonra da tatlıyı.

## PARA PROBLEM DEĞİL, SİZSİNİZ

Ben sordum; "Zor bir gün mü geçiyorsunuz?"
Ağlamaklı bir halde, "Daha önce hiç çalışmadım. Bu bugüne kadarki ilk işim. Bunu nasıl yapacağımı bilmiyorum. Bunaldım." dedi.
Ben, "Merak etmeyin, daha iyi olur. Alışırsınız." dedim.
O, "Teşekkürler. Çok kibarsınız." dedi.
Bize hesabı getirdi ve hesap 5,12 dolardı. Ben 10,12 dolar bıraktım.
Biz kapıdan çıkarken koşarak arkamızdan geldi; "Bayım, bayım, bana çok fazla para verdiniz." dedi.
Ben de "Hayır vermedim. O bahşiş. İyi durumda olduğunuzu bilmeniz için." dedim. Onun evreninden yayılan ışıltıyı görebilirdiniz.

Başka bir zaman, New York'ta öğle yemeğine gitmek için yolda yürüyordum ve yolda bacağındaki büyük, açık bir kesikle oturan genç bir adam ve önünde de bir teneke kutu vardı. Hiç kimse içine para koymuyordu. Öğle yemeğinden dönerken ona bakmadan kutuya 20 dolarlık kağıt para sıkıştırdım ve bana; "Teşekkürler bayım. Oh aman Tanrım! Çok yaşa! Çok yaşa! Teşekkür ederim!" dedi. Birisi hiçbir beklenti olmadan onu gördüğü, kabul ettiği ve onu hediyelendirdiği için onun içinden yayılan enerjiyi hissedebiliyordum. Beş kuruş değil, yirmibeş kuruş değil, *Tamam, sen küçük bir dilencisin,* değil ama iyi bir yemek alabileceği kadar iyi.

Eğer böyle şeyler yaparsanız dünyada bolluk olmadığı fikrini kırarsınız. Bunu yapmanız gerekir. Bunu gerçekleştirmek zorundasınız.

Ben boşandıktan sonra evimden taşınırken satacağım birkaç antikam vardı ama bunu yapmak yerine onları benden daha fazla parası olan antikacı bir arkadaşıma verdim. Bütün antikalarımı ona verdim ve bu onun kafasını allak bullak etti. Neden ona hediye ettiğimi anlayamadı, çünkü onda bende olduğundan daha fazlası vardı. Onun bakış açısına göre sizden daha azına sahip olan birisine vermeniz gerekirdi. Bu aşmanız gereken bir kavram.

Çok parası olan birisi daha az parası olan birisi ile dışarı çıktığında, daha az parası olan genellikle daha çok olanın ödemesini bekler. Ben çok parası olan birisi ile yemeğe gittiğimde bunu her zaman ödeme yapmak için kullanırım. Onlar bununla ne yapacaklarını bilemezler. Ben artık onlardan daha az değilim. Siz de bununla oynayabilirsiniz. Arada bir hesabı siz alın. Ne olacağını görün.

Hayatın amacı eğlenmektir ve belki de paranın amacı insanların paradigmalarını yıkmaktır. Aslında gerçekte yaptığınız şey, evrenin sonsuz bolluk içinde olduğu fikrinden yaşamaktır ve bundan işlev gösterdiğinizde hayattaki her şey daha iyi hale gelir.

# İNSAN YA DA HÜMANOİD; SİZ HANGİSİSİNİZ?

Bizim Access ile çalışmamızda keşfettiğimiz beklenmedik olan şeylerden biri de Dünya gezegeninde iki tür varlığın bulunduğu farkındalığıydı; insanlar ve hümanoidler.

İnsanlar diğer herkesin yargısıyla yaşarlar ve yaşamın sadece olduğu gibi olduğunu ve hiçbir şeyin doğru olmadığını düşünürler, başka bir olasılığı düşünme zahmetine bile girmezler.

Hümanoidler bir şeyleri daha iyi yapmanın yolunu ararlar. Eğer bir şeyler icat ediyorsanız, eğer bir şeyleri araştırıyorsanız, eğer her zaman daha iyiyi, bir şeyi yaratmanın daha büyük bir yolunu arıyorsanız siz bir hümanoidsiniz, insan değil. Hümanoidler, değişimi yaratan kişilerdir. Onlar icatları, müziği ve şiiri yaratırlar. Mevcut durumla ilgili memnuniyetsizlikten kaynaklanan bütün değişimleri onlar yaratırlar.

## "Eh, Eğer Sadece Bir TV Alsaydın…"

Hümanoidler için her zaman yargılandığımızı ve asla uyum sağlayamadığımızı bilmek büyük bir rahatlamadır. Biz çok uğraşırız ama kendimizi insan kalıbına sığdıramayız. Çoğumuz umutsuzca paranın ve diğer her şeyin insan reaitesini anlamanın ve buna uymanın arayışındayız. İnsanlar bize; "Eh, eğer sadece bir TV, yeni bir araba alsaydın ve düzenli bir işin olsaydı iyi olurdun." derler.

İnsanlar ve hümanoidler arasındaki farkları açığa çıkarma fikri, insanların yargılarıyla yaşamakla ilgili değildir. Bu, biz hümanoidlerin kendimizi nasıl yargıladığımızın farkına varmakla ilgilidir.

## Hümanoidler Kendilerini Yargılarlar

Humanoidler hakkında bilmeniz gereken en önemli şeylerden biri, kendileriyle ilgili yargıların içinde yaşamalarıdır. Humanoidler, kendileriyle ilgili yanlış bir şeyler olduğunu düşünürler, çünkü etraflarındaki diğer herkes gibi değillerdir. Kendilerine şu soruyu sorarlar; "Benimle ilgili yanlış olan doğru yapamadığım şey nedir? Neden bu diğer kişi gibi olamıyorum? Neden daha azıyla yetinemiyorum. Benim sorunum ne?" Kendileriyle ilgili ciddi yargılara girerler. Neden başkalarının elde ettiklerini elde edemediklerini ve diğer herkesin yaptıklarını yapamadıklarını merak ederler.

Birisi bir hümanoide yalan söylediğinde veya onlara bir yanlış yaptığında, hümanoidler bunu çarpıtırlar ve kendilerinin neyi yanlış yaptıklarına bakarlar. Kendilerini yanlış ve diğer kişiyi doğru yaparlar. Benim humanoid olan bir arkadaşım, uzun süre bir ortakla bir iş ilişkisi içerisindeydi ve bir gün işinden hiç para kazanamadığı konusunda konuşuyordu.

Ben, "Burada yanlış bir şey var. Hesaplara baksan iyi olur. Sanırım ortağın seni dolandırıyor." dedim.
O, "Oh, o beni asla dolandırmaz." dedi.
Ona sordum; "Buna bir bakabilir misin?"

O hesaplara daha yakından bakmaya karar verdi ve iş ortağı onun ne yaptığını öğrendiğinde gerçekten çok kızdı ve ona karşı bir sürü suçlamalarda bulundu. Arkadaşımın verdiği karşılık, ortağını suçlayacak kadar sadakatsiz olduğu için çirkin bir şekilde kendisini yargılamak oldu.

Bir ay sonra arkadaşım, ortağının onu dolandırdığını öğrendi.

İnsan olan ortağı; "Bunların hepsi senin hatan. Eğer sen bu kadar berbat bir ortak olmasaydın bunların hiçbiri olmazdı." diye karşılık verirken ortağının kendisini dolandırması keşfine hümanoid arkadaşımın verdiği karşılık inanılmaz bir şekilde kendisini yargılamak oldu.

## *Hepsi Bu Kadar*

İnsanların, sonsuz olasılıkları olan sonsuz varlıklar olduklarına dair en ufak bir fikirleri yoktur. Onlar reenkarnasyona inanmazlar. Hepsinin bu kadar olduğunu düşünürler. Şöyle şeyler söylerler; "Yaşarsın, ölürsün ve sonra solucan yemi olursun."

Ben, geçirdiği kalp krizinden sonra kesinlikle insan olan üvey babamla konuştum. Ben ona; "Baba, o kalp krizini yaşamak senin için nasıl bir şeydi?" diye sordum. Hiç kimse ona bu soruyu sormamıştı.
Dedi ki; "Şey, kalp krizi geçirdiğimi ve bedenimin dışında durduğumu hatırlıyorum..." Konuyu değiştirdi ve baştan başladı.

"Şey, kalp krizi geçirdim ve sonra göğsüme elektrotlar koyduklarını gördüm…" Tekrar cümlenin ortasında durdu, biraz bekledi ve sonra baştan başladı.

"Şey," sonunda; "kalp krizi geçirdim ve sonra göğsüme elektrotlar koydular ve beni şokladılar."

O, bunlar olurken bedeninin dışında olanları seyrettiği bir realiteye sahip olamazdı. Bu, kendi realitelerinin yargılarına uymayan şeylere sahip olamadıklarında insanlara ne olduğuyla ilgili harika bir örnektir. Onun realitesi bir bedenin içinde olduğu ve hepsinin bu kadar olduğuydu. Bir insan, hepsi bu kadar bakış açısına uymayan hiçbir şeye sahip olamaz. Onlar mucizelere veya sihre inanmazlar. Her şeyi doktorlar ve avukatlar ve Kızılderili şefler yaratırlar. İnsanlar hiçbir şey yaratmazlar.

Nüfusun yüzde kırk yedisi hümanoidtir ve bu Dünya realitesinde değişen her şeyin yaratıcısı onlardır. Yüzde elli ikisi insandır (Ve kalan yüzde bir? Bir gün size onlardan bahsedeceğiz!). İnsanlar, oldukları halleriyle bir şeylere tutunurlar ve asla hiçbir şeyin değişmesini istemezler. Hiç otuz yıldır evinin mobilyalarını değiştirmemiş olan birisinin evine gittiniz mi? İnsan.

İnsanlar, kötüye gidene kadar aynı mahallede yaşarlar ve taşınmaktansa hapishane kuşlarını evlerinin dışında tutmak için evlerinin camlarına parmaklıklar yaptırırlar. Ve parmaklıklardan dışarı bakan kim olur? Kusura bakmayın, az önce kendinizi hapishane kuşu yaptınız! Bir eve tadilat yapmak için bitkileri ve ağaçları söken müteahhitler, insanlardır. Yaratmak adına her şeyi öldürürler. "Elden bir şey gelmez." derler. "Biz her şeyi öldüreceğiz ve sorun olmayacak."

İnsanlar diğerlerinin yargılarıyla yaşarlar, çünkü onların hayatlarındaki her şey yargı, kararlar, zorlama ve çabadan ibarettir. Onların yarattıkları tek yer orasıdır. İnsan olan tanıdığınız birisini düşünün. Onun bilincini hissedin. Şimdi bir taşın bilincini hissedin. Hangisi daha hafif? Taş mı? Tamam. Taşta daha fazla bilinç var, öyleyse hangi sebeple insanlarla takılıyoruz? Hepimizin insan arkadaşları ve aileleri var ama onlar bizimle ilgili yargılarla yaşıyorlar ve yaptığımız her şeyde ne kadar hatalı olduğumuzu söylüyorlar. İnsanların bizimle ilgili yargıları, hümanoid olarak kendimizi yargılama eğiliminde olduğumuz gerçeğiyle birleşmiş durumdadır.

## *Bir Hümanoid Olduğunuzu Kabul Edin*

Eğer hümanoid kapasitenizin bütününü talep etmezseniz ne olur? Eğer hümanoid olduğunuzu anlamaz ve kabul etmezseniz insan bakış açısından yaratmaya çalışırsınız. Kendiniz için sınırlı bir olasılığa inanır ve yaratırsınız. Bir insan; "Bana adımları göster," diyecek ve her bir adımı tek seferde özenle yapacaktır, ancak hümanoid olarak siz öylece A'dan Z'ye yoğunlaşma yeteneğine sahipsinizdir. Siz tak tak yapar ve arzu ettiğiniz herhangi bir şeye sahip olabilirsiniz ama çoğumuz kendimiz için bu olasılığı talep etmiyoruz. Kendimizi bir insan var oluşuna yerleştirmeye çalışıyoruz.

Bu bir hatadır, çünkü insanlar mevcut durumdan hoşnutturlar ve hiçbir şeyin değişmesini istemezler ve hümanoidler genişlemek ve bolluk içinde ve yaratıcı olmak isterler. Eğer genişlemekle ve bolluk içinde, rahat ve yaratıcı bir hayata sahip olmakla ilgileniyorsanız kendinizi insan kalıbına sokmaya çalışmayı bırakın. Kendinizin bir hümanoid olduğunuzu kabul edin ve zengin ve ünlülerin kademesine katılma kapasitenizi talep edin.

## HÜMANOİDLER, İŞ VE PARA

*Hümanoidler Para için Çalışmazlar*

İnsanlar ve hümanoidler arasındaki çok ilginç farklardan biri de hümanoidlerin para için çalışmamalarıdır. Bir hümanoid bir şey yarattığında veya bir hizmet sunduğunda ve bir başkası bunu gerçekten alıp kabul ettiğinde kendilerini tamamlanmış hissederler. Onlar için bu değiş tokuştur. "Vay. Bu harika!" derler ve tamamdırlar. Onların hediyesi kabul edilmiştir. Bu değiş tokuşun sonudur. Orada enerjileri tamamlanmıştır.

Paranın, hümanoidlerin yaratıcı kapasitesiyle veya onları motive eden şeyle hiç alakası yoktur. Para yan üründür. İkincil sonuçtur. Bok gibidir. Çoğu hümanoid parayla uğraşmamayı ve dikkatini ona vermemeyi tercih eder, çünkü bunun onların yaratıcı kapasitesiyle hiç alakası yoktur. Onlar için eğlenceli kısmı iş veya yaratımdır. Onlar bir şey yarattıktan sonra etraflarına bakarlar ve sorarlar; "Başka neler yaratabilirim?" Onlar için yaratım enerjiyi hareket ettirir. Hümanoid evrenindeki bütün enerji yaratıma gider.

Eğer siz bir hümanoidseniz ve biz öyle olduğunuzu düşünüyoruz, bunun farkında olmak önemlidir, çünkü işinizin veya hizmetinizin yan ürünü olarak alıp kabul etmeye gönüllü olmadığınız sürece, parayı alamayacaksınız. Aslında onu uzaklaştıracaksınız. Paranın gelmesini durduracaksınız. Sizin hakkınız olsa bile onu tahsil etmeyi reddedeceksiniz. Onun için sormayacaksınız.

Para için sorma zamanı olduğunda hümanoidler şöyle derler; *Imm... Bana şimdi mi ödeme yapmak istersin sonra mı?* Onlar için işleri karşılığında para tahsil etmek zordur, çünkü gerçekten, onların bütün istedikleri hediyelerinin alınıp kabul edilmesidir.

Diğer yandan insanlar nettirler; onlar para için çalışırlar. Bir insan müteahhit veya arazi planlamacısı bir yere gider ve oradan kazanacağı para için bütün ağaçları ve arazide yaşayan her şeyi yok eder ve betondan yapılmış yeni bir şey inşa eder. O bunu para için yapabilir.

Hümanoidlerin kafası karışır, çünkü onlar para için bir şeyler yapamazlar, yine de birlikte büyüdükleri bakış açısı şudur; *Sadece para için bir şeyler yaparsın ve onun için para alamazsan onu yapmaya değmez.* Biz paranın insan realitesine uymaya çalışırız ve bu bizim için büyük zorluğa yol açar. Bizim hümanoidler olarak farklı bir bakışa sahip olduğumuzu ve ayrıca girişimlerimizin yan ürününü alıp kabul etmeye gönüllü olmamız gerektiğini anlamalıyız. Para için sorabilir ve onu alıp kabul edebilir olmamız gerekir.

# Bölüm Altı
# BOLLUĞUNUZU KUTLAYIN

## EVRENİN BOLLUĞU YERİNE ONUN YOKSULLUĞUNU MU PAYLAŞIYORSUNUZ?

Bazı kişiler hayatlarında paylarına düşenden daha fazlasını aldıklarını hissederler ve diğerlerinden daha fazlasına sahip oldukları için kendi yargılarıyla yaşarlar. Onlara her şeyi paylaşmak zorunda oldukları ve hiç kimsenin başkalarından daha fazlasına sahip olmamaları gerektiği öğretilmiştir. Onların ailelerinde, babaları için olan hariç, pasta eşit parçalara kesilmiştir. O genellikle daha büyük bir parça alır, çünkü eve ekmek getiren odur.

Sizin de benzer bir hikaye satın almış olmanız mümkün mü? Siz de eşit pay realitesini mi yaşıyorsunuz? Evrenin bolluğu yerine onun yoksulluğunu mu paylaşıyorsunuz? Size sormama izin verin; yoksulluk yerine evrenin bolluğunu paylaşmanın nesi yanlış? Kendi gerçeğiniz olarak yoksulluktan vazgeçmeyi istemez miydiniz? Evrenin engin bolluğunu paylaşmayı tercih etmez miydiniz?

## Siz Tamamen Bolluk İçinde Olan Birisiniz

Bok gibi zengin olduğunuz hayatlarınız oldu mu? Evet, oldu. *Lanet para bu hayatta nerede? Şimdiye kadar ortaya çıkmış olmalıydı, kahretsin,* diye merak etmeye devam ediyor musunuz?

Tamamen beş parasız olduğunuz hayatlarınız oldu mu? Tabii ki. Kaç hayatta sadece zar zor hayatta kaldınız? Ve zar zor hayatta kalmaya devam ediyorsunuz musunuz? Bakış açısı olarak zar zor hayatta kalmaktan vazgeçmeye gönüllü müsünüz?

Yaşadığınız; *Oh aman Tanrım, zar zor hayatta kalıyorum,* hissini algılayın. Onu sonsuz yapın, evrenden daha büyük. Ona ne oluyor? Daha mı elle tutulur hale geliyor yoksa uzaklaşıyor mu? Uzaklaşır, bu demektir ki o bir yalan. Sonsuz bir varlık olarak siz zar zor hayatta kalamazsınız. Siz bütünüyle bolluk içerisindesiniz.

Bu evren, hatta Dünya gezegeni, inanılmaz derecede bolluk içerisinde bir yer. Hehangi bir yerde çıplak yamaların olmasının tek nedeni, insanların her şeyi ondan çalacak kadar aptal olmalarıdır. Doğa her metre kareyi bir şeyle dolduracaktır. Siz çöle gittiğinizde orası boş mu? Hayır. Çölde bile her yerde hayat vardır. Bitkiler, böcekler ve her türlü yaratıklar vardır. Her metre kare bir şeyle kaplıdır.

Nasıl bolluk içerisinde yaşamazsınız? Siz kıtlık olduğu fikrini satın alarak bunu yapıyorsunuz. Siz bolluk olmadığı bakış açısını benimsiyorsunuz, çünkü onun nereden geleceğini anlayamıyorsunuz. O bolluğun aslında dört bir yanınızda olduğunu görmüyorsunuz.

Biz; *Oh, gelecekte param olacak* ya da *Geçmişte param vardı,* diye düşünüyoruz ama şu anda bütünüyle bolluk içerisinde olduğumuzu görmüyoruz.

## *Paranın Hemen Şimdi Burada Olabileceği Fikrini Benimsiyor musunuz?*

Şimdi gözlerinizi kapatın ve paranın size geldiğini görün. Arkadan mı geliyor yoksa önden mi; sağdan veya soldan ya da yukarıdan veya aşağıdan mı? Eğer paranın önünüzden geldiğini görüyorsanız ona gelecekte sahip olacağınızı düşünüyorsunuzdur. Ama gelecek ne zaman gelir? Asla. Parayı her zaman önünüzde arıyorsunuz. Siz, yüzünün önünde havuç olan eşek gibisiniz. Her zaman gelecekteki bir olayın peşindesiniz.

Eğer paranın size sağdan geldiğini görüyorsanız o zaman bakış açınız onun için çok çalışmanız gerektiğidir. Eğer soldan geliyorsa bakış açınız sadaka olarak geleceğidir. Birisi sizi zengin etmek için size sadaka verecektir.

Onun arkanızdan geldiğini mi gördünüz? Bu, siz eskiden ona sahiptiniz ama artık ona sahip olamayacaksınız demektir.

Eğer yukarıdan geldiğini gördüyseniz bu, hiç kimse vermeyeceği için onu size Tanrı'nın vereceğini düşünüyorsunuz demektir.

Yerden geldiğini mi gördünüz? O zaman çiftçi olsanız iyi olur, çünkü oradan geleceğini düşünüyorsunuzdur. O ayaklarınızın altında yetişecektir. Ya da gidip opal madencisi olabilir ve onu bu şekilde bulabilirsiniz.

## Eğer Paranın Her Yönden Gelmesine İzin Verseydiniz Nasıl Olurdu?

Eğer paranın her zaman ve her yönden gelmesine izin verseydiniz nasıl olurdu? Şimdi o hissi algılayın. Şimdi onu sonsuz yapın, evrenden daha büyük. Daha mı elle tutulur oluyor yoksa daha mı az? O hissi tutun ve yarın paranız olacak.

Bu görselleştirme fikri, paranın nereden geldiğini düşündüğünüzü netleştirmektedir. Eğer gelecekten geleceğine dair bir fikriniz varsa paranın şu an burada olabileceği fikrini benimsemiyorsunuzdur. Eğer buna yarın, yarın, yarın olarak bakıyorsanız o zaman bugünün faturaları ne zaman ödenecek? Yarın veya dün ya da hiç ödenmezler. Bu sizi, sizin için mümkün olan şeylerle mevcut olmak yerine bir şeylerle ilgilenmek için bir itişip kakışma döngüsü içinde tutar.

Eğer gerçekten bilinçli olsaydınız, eğer her şeyle birlik içinde olsaydınız, eğer gerçekten olduğunuz hümanoid olsaydınız ve eğer yargısızlığın var olabildiği, paranın esas amaç yerine basitçe hayatınızın bir parçası olabildiği zaman, alan, boyutlar ve realitelerin estetiğinden işlev gösterseydiniz.

## Paraya Sahip Olmak Nedir, Tahmin Edin?

Çoğu kişi parayı hedef ya da ihtiyaç yapar. Şöyle şeyler söylerler; *Eğer _____ a sahip olsaydım* veya *Eğer sadece _____ 'ya sahip olsaydım* veya *Para beni _____ yapacak.* Bunların hiçbiri gerçek değil. Onlar aslında kendimize, hayatlarımızda mümkün olan her şeye sahip olmak için izin vermemiz adına ikame ettiğimiz fikirler. Siz bunu yaptığınızda onu bahçenizde yetişen bir çiçek gibi görmek yerine parayı korkunç derecede önemli bir şey haline getiriyorsunuz. Eğer paranızı beslemek, yedirmek, gübrelemek, sulamak ve çiçeklerinize yaptığınız gibi ilgilenmek için zaman harcarsanız onun da hayatınızda büyüyebileceğini düşünüyor

PARA PROBLEM DEĞİL, SİZSİNİZ

musunuz? Toprağa para ekmenizi önermiyorum ama bu şekilde düşünürseniz işe yarayacağını biliyorum. Parayı alıp kabul edebilir olmanız gerekir mi? Kesinlikle. Alıp kabul etmeye açık olmanız gerekir. Paraya sahip olmak nedir, tahmin edin? Alıp kabul etme yeteneği.

## Ya Kendi Kendine Yeterli Olmak?

Bazen insanlar bana soruyorlar; *Ya kendi kendine yeterli olmak?* Ben de onlara soruyorum; *Neden kendi kendinize yeterli olmak istiyorsunuz? Bunun yerine her şeyi alıp kabl edebilir olmak istemez misiniz?* Siz alıp kabul etmeye gönüllü olduğunuzda her şey mümkündür.

Çoğumuz; *Kendime yetmeliyim,* gibi kararlar aldık, ki bu dışarıda yapayalnız olduğumuz anlamına gelir. *Ben kendime yeterim, ben yapayalnızım, ben tek başıma yapıyorum, ben tek başıma başaracağım,* fikrine sahip olduğunuzda ne kadar yardım almaya gönüllüsünüz? Hiç. Siz ne kadar yardım alıyorsunuz? Hiç. Kendi başınıza yapabileceğinizi kanıtlamakla o kadar meşgulsünüz ki para yaratırken diğerlerinin size yardımcı olmasına izin vermiyorsunuz. Yaptığınız şey; *Hiç kimseye ihtiyacım olmadığını kanıtlayacağım. Senin ne dediğin umrumda değil. Sana ihtiyacım yok. Git buradan.*

Gerçek, tabii ki paranın size hizmet etmeyi sevdiğidir. O işinin, sizin köleniz olmak olduğunu düşünür. Bunu bilmiyordunuz, değil mi? Para, faydalı olması gerektiğini düşünür. Faydalı olması gereken birisi sizin köleniz veya hizmetlinizdir. Paraya hizmet etmeyi bırakmayı ve şu andan itibaren paranın size hizmet etmesine izin vermeyi ister misiniz?

GARY M. DOUGLAS & DR. DAIN HEER

# YA EĞER HAYATINIZI HER GÜN KUTLASAYDINIZ?

Eğer hayatınızı kutlamazsanız, eğer hayatınızı bir kutlama yapmazsanız, eğer hayatınızı zorunluluk, iş, travma, dram, üzüntü ve entrikadan ibaret olarak yaratırsanız hayatınızda ne açığa çıkar? Aynısının daha fazlası. Ancak eğer hayatınızı kutlama olarak yaratmaya başlarsanız farklı olasılıklar açığa çıkacaktır.

Ben ve eski eşim boşandığımızda ben evden taşındım ve yanıma çok az eşya aldım. İyi bir Çin porseleni takımının beşte biri, bir gümüş çatal bıçak takımının beşte biri, bir kızartma tavası, bir spatula, bir kaşık ve eskiden babama ait olan bıçak seti ile ayrıldım. Eski eşimin beğenmediği, üzerinde çizikler olan eski bir tabak takımı, hiç kimsenin istemediği birkaç garip eski bardak ve yüzüne bakılmayacak kadar çirkin olan birkaç kahve kupası aldım. Bütün mutfak malzemelerim bu kadardı. Yeni evime taşındığım eşyalarım bunlardı.

Çin porselenlerini bir gün vereceğim kutlamalar ve yemekli partiler için kaldırdım. Eminim küçük yuvarlak masamda on altı kişilik yemekler verecektim, değil mi? Ve getirdiğim bütün çirkin, eski eşyaları mutfak dolabıma koydum.

Sonra bir gün baktım ve dedim ki; "Bekle bir dakika. Bunları kutlama için saklıyorum ve ben yoksul biri gibi yaşıyorum. Ben kimin hayatını yaşıyorum ki? Kendimin mi? Ben hayatımın kutlama olmasını istiyorum."

Çin porselenlerini çıkarttım ve dedim ki; "Eğer sabah kahvaltımı yerken mısır gevreği kasesini kırarsam onu yerine koymak bana 38 dolara patlayacak. Ama kimin umrunda? Benim tabaklarım, eğer kırarsam tanesi 16 dolar. Ne olmuş? Gümüş Georgian çatal bıçak takımını kullanacağım. Benim kaşığımın tanesi 360 dolar ediyor. Ben buna değerim."

Dışarı çıktım ve içmek için kristal bardaklar aldım. Artık yere atsam bile kırılmayan o kalın, eski bardakları kullanmayacaktım. Çarpıp düşürdüğümde ŞANGIR diye ses çıkaracak bir şeyler istedim!

Hayatın bir kutlama olması gerekir. Eğer yaşamınızı kutlamıyorsanız yaşamıyorsunuzdur. Yaşam her gün orgazmik bir deneyim olmalıdır. Katlanmanız gereken, yapmanız gereken ve geri kalan şeylerle yaşamamalısınız. Hayatınızı artık paketi olarak mı yaşayacaksınız, yoksa kendinizi bir kutlama olarak mı yaratacaksınız?

Benim her zaman buzdolabımda en az beş şişe şampanyam vardır; ucuz boktan değil ama iyi şampanyadan. Bazen akşam yemeğinde sırf yapabildiğim için şampanya ile turta yerim.

Eğer hayatınızı bir kutlama yaparsanız, eğer kasvet yerine yaşamın neşesine bakarsanız tamamen farklı bir realite yaratırsınız. Bu gerçekten sahip olmak istediğiniz şey değil mi?

## *Bugün Hayatınızın En Güzel Günü Olmalı*

Ben kayın biraderimin kırkıncı yaş günü partisine gittiğimde bütün erkekler salonda, hayatlarının en güzel zamanlarının nasıl on sekiz yaşında ve lisedeyken olduğunu konuşuyorlardı. Havalı arabaları vardı ve sporcuydular. Bütün kadınlar mutfakta, hayatlarının en güzel zamanlarının nasıl bebeklerinin doğduğu zamanlar olduğunu konuşuyorlardı. Konuşma sırası bana geldiğinde sordular; "Senin hayatının en güzel zamanı ne zamandı?"

Ben; "Bugün ve eğer öyle değilse s..tiğiminin beynimi patlatıyorum." dedim. O günden sonra pek popüler olmadım. Bugün hayatınızın en güzel günü olmalı. Eğer bugün hayatınızın en güzel günü değilse o zaman ne halt etmeye hayattasınız?

*Sadece Bugün İçin Hayatım Bir Kutlama Olacak*

Her gün kendinize hayatınızı bir kutlama yapmayı hatırlatın. Yaşamın neşesini arayın. Her sabah; *Sadece bugün için hayatım bir kutlama olacak,* deyin ve açığa çıkacak olan yeni olasılıklara bakın.

## YAŞAMINIZIN BÜYÜKLÜĞÜNÜ SORUN

Sorun ve alacaksınız, İncil'in gerçeklerinden biridir.

Öyleyse ne soracaksınız? Kendinizin büyüklüğünü mü? Eğer kendi büyüklüğünüzün açığa çıkmasını sorarsanız o zaman başka bir sürü şey onunla birlikte gelecektir. Hayatınızın büyüklüğünü sorun. Hayatınızın neşesini ve kutlamasını sorun. Sadece parayı sormayın, çünkü hayatınızın büyüklüğü ile paranın hiçbir ilgisi yoktur. Sizin var.

Eğer hayatınızın büyüklüğünü sorarsanız, eğer kim olduğunuzun büyüklüğünü sorarsanız ve eğer hayatınızın bir kutlama olmasını sorarsanız o zaman sonsuz olasılıklara sahip olacaksınız. Eğer sadece parayı sorarsanız hiçbir şey açığa çıkmayacaktır, çünkü enerji para değildir. Para sadece oraya gitmek için kullandığınız araçtır. Kendinizin büyüklüğünü sorun.

Eğer sorma cesaretini gösterirseniz alıp kabul edebilirsiniz.

## *HER ŞEYDEN ÖNEMLİSİ, GERÇEKTEN NEYE SAHİPSİNİZ?*

Geçenlerde televizyonda Körfez Sahili kasırgasından hayatta kalanlarla röportaj yapılıyordu. Muhabir, evi yıkılan bir adama sordu; "Kasırga ile ilgili ne hissediyorsunuz?" ve adam dedi ki;

## PARA PROBLEM DEĞİL, SİZSİNİZ

"Şey, bilirsiniz, ben buraya Körfez Sahili'ne taşındım ve sahip olduğum bütün değerli eşyalarımı getirdim, bütün aile resimlerini, benim için değerli olduğunu düşündüğüm her şeyi ve şimdi sahip olduğum tek şey bir tabaka. Sahip olduğum her şey rüzgarla uçup gitti. Ama biliyor musunuz ne? Hala ben varım."

Kaliforniya'daki büyük depremden sonra da aynı şey oldu. Bir televizyon muhabiri bir adama sordu; "Depremle ilgili ne hissediyorsunuz?" ve adam dedi ki; "Karım ve ben üçüncü katta evimizin yatak odasındaydık. Ben uyuyordum. Üzerimde hiç kıyafetim yoktu. Aniden büyük bir sarsıntı oldu ve ben birdenbire yerdeydim. Hiçbir şeyin nerede olduğunu bilmiyordum ve yanımda bir şort vardı, onu giydim. Karım yanında sabahlığını buldu. Bulmayı başardığımız diğer bir şeyde karımla evlenirken çekilmiş olan resmimizdi. Kıyafetlerimizin nerede olduğu hakkında hiçbir fikrimiz yok. Hiçbir şeyin nerede olduğu hakkında hiçbir fikrimiz yok. Hiçbir şeyi bulamıyoruz. Ama biliyor musunuz ne? Hala birbirimize sahibiz."

Her şeyden önemlisi, gerçekten neye sahipsiniz?

Kendinize.

Hayatınızın başlangıç noktası sizsiniz. Paranızın, servetinizin, gücünüzün ve diğer her şeyin yaratım noktası sizsiniz. Felaketin ne olduğuna bakılmaksızın, neyin gittiğine veya kaybolduğuna bakılmaksızın, her zaman kendinize sahip olacaksınız. Hayatınızda olan her şeyin başlangıç noktası sizsiniz.

# PARANIN YAŞAMINIZA AKIŞ YOLLARINI DEĞİŞTİREBİLİRSİNİZ

- Aldığınız her şeyin yüzde onunu kenara koyun. Kendi Kilisenize bağış yapın.

- Cebinizde bir sürü para taşıyın — ama onu harcamayın.

- Değişimi görene kadar kendinize birkaç gün —ya da birkaç hafta— Algılama, Bilme, Olma ve Alıp Kabul Etme sorusunu sorun. Bu, sizi neyin sınırladığının farkına varmanız için harika bir tekniktir. *Bununla toplam netlik ve kolaylığa izin verecek olan reddettiğim, cesaret edemediğim, asla ve mutlaka algılamam, bilmem, olmam ve alıp kabul etmem gereken neyi algılıyor, biliyor, oluyor ve alıp kabul ediyorum.* Ya da basitleştirilmiş versiyonunu kullanabilirsiniz; *Bana _____ izni verecek olan neyi algılamalı, bilmeli, olmalı ve alıp kabul etmeliyim?*

- Kendinizi yargılamayın. Bir hümanoid olduğunuzu anlayın. Bu size, dünyanın geri kalanına karşı haksız bir avantaj sağlar.

## PARA PROBLEM DEĞİL, SİZSİNİZ

Onu alın! Hayatınız bunu yansıtıyor mu? Çok fazla paranız var mı? Olacak.

- Kendinizi yargılamaya başladığınızda sorun; *Bu bana mı ait?* Düşüncelerinizin, hislerinizin ve duygularınızın yüzde doksan sekizi size ait değil. Kendinize hakkınızı verdiğinizden çok daha fazla psişiksiniz. Kendinize; *Bu bana mı ait?* diye sormaya başladığınızda hiç düşünceniz olmadığı gerçeği ile ilgili bir hayli netleşeceksiniz. Siz esasen boş kafasınız.

- Hayatınızı on saniyelik artışlarda yaşayın. Eğer on saniyelik artışlarda yaşamıyorsanız seçimde yaşamıyorsunuzdur. Eğer sürekli on saniyelik artışlarda yaşıyorsanız hata yapamazsınız, çünkü on saniyeliğine aptalca ve çılgınca bir seçim yapabilir ve on saniye sonra onu değiştirebilirsiniz.

- Enerji akışlarını kullanın. Eğer birisiyle bağlantı kurmak istiyorsanız ya da eğer size borçlu oldukları parayı ödemelerini istiyorsanız bedeninizin ve varlığınızın her bir gözeneğinden onlardan enerji çekin ve bir damlasının onlara dönmesine izin verin ki sizi akıllarından çıkaramasınlar. Huzur bulamayacaklar. Size ödeme yapana kadar bu onları deli edecek.

- Ne yarattığınıza dikkat etmeye başlayın. Bu sizi mutlu ediyor mu? Eğer bir şeyler belli şekillerde açığa çıkıyorsa onlarda sevdiğiniz bir şey vardır. Eğer hayat parasız, arkadaşsız ve başka bir şeysiz açığa çıkıyorsa bunun nedeni bunda yaratmayı sevdiğiniz bir şey olmasıdır. *Tamam, bunu seviyor olmalıyım, neden bilmiyorum ama tamam, bunu seviyorum,* diyerek bir kez bunu kabul ettiğinizde bir şeyler değişmeye başlayabilir.

- Soruda yaşayın. Soru güçlendirir. Cevap güçsüzleştirir. Eğer hayatta elde ettiğiniz şey sahip olmayı arzu ettiğiniz şey değilse gerçekten ne sorduğunuza ve ne elde ettiğinize dikkat edin. Bunu nasıl değiştirirsiniz? Farklı bir soru sorun. Siz bir soru sorduğunuzda evren size cevabı vermek için yapabileceği her şeyi yapacaktır. Bu; *Oh Tanrım, hayatım berbat,* değildir. Bu şudur; *Hayatımda farklı bir şeyin açığa çıkması için sonsuz olasılıklar nelerdir?*

- Hayatınızda para açığa çıktığında sorun; *Bundan daha iyi nasıl olur?* Hayatınızda fatura açığa çıktığında sorun; *Bundan daha iyi nasıl olur?* (Belki bunun bir yanlışlık olduğunu göreceksiniz) İyi ya da kötü olsun *Bundan daha iyi nasıl olur?* diye sormaya devam edin ve evren bunu daha iyi yapmak için yapabileceği her şeyi yapacaktır.

- *Hayatın tümü bana kolaylık ve neşe ve ihtişamla gelir,* deyin. Bu bizim Access'teki mantramız: Hayatın tümü bana kolaylık ve neşe ve ihtişamla gelir. Bu bir olumlama değildir, çünkü bu sadece pozitife sahip olmakla ilgili değildir. Bu iyi, kötü ve çirkini içerir. Biz hepsini kolaylık ve neşe ve ihtişamla alırız. Bunların hiçbiri acılı, ızdıraplı ve kanlı olmak zorunda değil, çoğumuz hayatımızı bu şekilde yaşasak bile. Bunun yerine eğlenebilirsiniz. Ya eğer hayatın amacı salt eğlenmekse? Hayatın tümü bana kolaylık ve neşe ve ihtişamla gelir. Bunu sabahları on kez ve akşamları on kez söyleyin ve bu hayatınızı değiştirecek. Onu banyo aynanıza koyun. Eşinize onun orada olmasının sebebinin onu hatırlamanız gerektiği olduğunu söyleyin. Sırf o da ona bakmak zorunda olduğu için eşinizin de hayatını değiştirecek.

- Ne olursa olsun eski bakış açısını satın almayacağınıza dair kendiniz için bir karar verin. Küçülmüş bir yaşam sürmeye devam etmeyeceksiniz.

- Hayatınızı her gün bir kutlama olarak yaratın. Her sabah; *Sadece bugün için hayatım bir kutlama olacak,* deyin ve açığa çıkacak olan yeni olasılıkları izleyin.

# OKUYUCULAR İÇİN BİR NOT

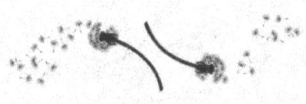

Bu kitapta sunulan bilgiler, aslında Access'in sunabileceği şeylerin sadece küçük bir tadımlığıdır. Bir Evren dolusu prosesler ve sınıflar vardır. Eğer hayatınızda bir şeylerin çalışması gerektiğini bildiğiniz gibi çalışmadıkları yerler varsa o zaman belki bir Access Consciousness® sınıfına, çalışma atölyesine katılmak veya henüz üstesinden gelemediğiniz sorunlar konusunda daha büyük kolaylıkla netlik kazanmak için bir kolaylaştırıcıyla çalışmakla ilgilenebilirsiniz. Access Consciousness® prosesleri eğitimli bir kolaylaştırıcı ile sizin ve birlikte çalıştığınız kişinin enerjisine dayanarak yapılır.

Daha fazla bilgi için:

www.AccessConsciousness.com

# TERİMLER SÖZLÜĞÜ

*Bars*

Bars, birisinin hayatının farklı yönlerine karşılık gelen baştaki temas noktalarına nazikçe bir dokunuş içeren elle uygulamalı bir Access prosesidir. Neşe, hüzün, beden ve cinsellik, farkındalık, nezaket, şükran, huzur ve dinginlik için noktalar vardır. Bir para barı bile vardır. Bu noktalara barlar denir, çünkü başın bir ucundan diğer ucuna çalışırlar.

*Olmak*

Bu kitapta olmak kelimesi bazen sizin kim olduğunuzu düşündüğünüzle ilgili uydurma bakış açılarına karşı gerçekte olduğunuz sonsuz varlık olarak size atıfta bulunmak için kullanılır.

## PARA PROBLEM DEĞİL, SİZSİNİZ

### *Temizleme Cümlesi (POD/POC)*

Access'te kullandığımız temizleme cümlesi: Right and wrong, good and bad, POD and POC, all nine, shorts, boys and beyonds.™

**Right and wrong, good and bad** şunun kısaltılmışıdır: Bununla ilgili iyi, mükemmel ve doğru olan nedir? Bununla ilgili yanlış, acımasız, korkunç, berbat, kötü, rezalet olan nedir? Doğru ve yanlış, iyi ve kötü olan nedir?

**POC** karar verdiğiniz şeyden hemen önceki duygu, düşünce ve hislerin yaratım noktasıdır.

**POD** karar verdiğiniz şeyden hemen önceki yıkım noktasıdır. Bu iskambil kağıtlarından yapılmış evin en alttaki kartını çekmek gibidir. Tamamı yıkılır.

**All nine** çıkarılan pisliğin dokuz katmanını temsil ediyor. Bu dokuz katmanın bir yerlerinde bir midilli olması gerektiğini biliyorsunuz, çünkü orada bir midilli olmadan bir yere bu kadar bok koyamazdınız. Bu sizin kendi ürettiğiniz bok, ki üzücü kısmı da bu.

**Shorts** şunun kısa versiyonu: Bununla ilgili anlamlı olan nedir? Bununla ilgili anlamsız olan nedir? Bunun cezası nedir? Bunun ödülü nedir?

**Boys** çekirdekli küreleri temsil eder. Hiç çocukların balon yaptıkları o çubukları gördünüz mü? Bir tarafından üflersiniz ve bir sürü balon yaratırsınız. Siz bir tane balon üflersiniz ve diğer balonlar alanı doldururlar.

**Beyonds** kalbinizi durduran, nefesinizi kesen veya olasılıklara bakma isteğinizi bitiren hisler veya duyulardır. Bu, işiniz alarmdayken son uyarıyı alıp ağhhh demeniz gibidir! Bunu o anda beklemiyordunuz.

Bazen "temizleme cümlesini kullanın" demek yerine sadece "onu Pod and POC'layın" deriz.

www.ingramcontent.com/pod-product-compliance
Lightning Source LLC
Chambersburg PA
CBHW010854090426

42736CB00019B/3451